Joseph Mbarga

Qui veut la peau des gorilles ?

Proximité, août 2018

À Marguerite Nah Mbarga, ma mère.

Du même auteur

- *La faim ne justifie pas les moyens*, Librinova, 2014.

- *Le vieil homme est amer et autres amertumes*, Librinova, 2015.

Éditions Proximité
août 2018, Yaoundé Cameroun
237 699 85 95 94 / 6 72 72 19 03
www.editionsproximite.cm / editionsproximite@yahoo.fr
ISBN : 978 9956 429 96 7

DES PONTES SUR LE PONT

Quand Madame le maire attifée de l'écharpe aux couleurs vives arriva à l'endroit où le pont venait de s'effondrer, elle trouva sur place les gens du village. Sur le coup, on aurait eu l'impression qu'elle était en retard. Mais en réalité, elle s'était mise en route aussitôt qu'elle avait appris la nouvelle, abandonnant ses nombreuses activités, y compris de fertiles affaires qui avaient essaimé à travers le pays et au-delà. Bon, elle avait quand même mis trois heures pour parcourir une cinquantaine de kilomètres, du bureau communal au village. Encore qu'elle disposât d'une escorte constituée entre autres d'une semi-remorque et d'une camionnette bourrée de tronçonneuses et d'échelles. À plusieurs reprises le 4 x 4 s'était enlisé dans de monstrueux bourbiers. La semi-remorque avait tiré de la fange le véhicule tout-terrain de l'élue municipale ; les tronçonneuses avaient débité les arbres tombés sur la route, et les échelles avaient aidé à couper à la base les branches d'arbres qui penchaient dangereusement sur la route.

Une fois sur place, l'édile se tint sur le bord de la terre craquelée en essayant de l'observer d'aussi près que possible, scie géante avec d'énormes dents molles. On lui avait répété que le pont s'était cassé à cause de la forte pluie de la nuit et des crues qui avaient suivi. "Qui l'eût cru", s'exclama-t-elle en posant ses deux mains sur sa tête. "Des pluies en cette période de l'année ! Voilà bien les conséquences du dérèglement climatique. Nous allons à présent en subir les conséquences."

En face d'elle, de l'autre côté de la crevasse béante, il y avait un homme, avec un gros carnet en mains qui regardait l'excavation dans les détails et semblait noter ce qu'il voyait. Et de manière tout à fait subite, il s'arrêta d'écrire, pointa son stylo vers madame le Maire et dit :

— Hum hum ! Ça fait quand même longtemps qu'on parle de la construction d'un deuxième pont sur ce fleuve, hein !

Madame le maire ajusta son écharpe aux trois couleurs autour de son ventre rond et parla fort pour se faire entendre des gens de l'autre côté du fleuve :

— Les travaux vont débuter dès que nous bouclons le budget. Évidemment la priorité dans l'immédiat c'est de réparer ce pont endommagé. Si nous mettons dès à présent le cœur à l'ouvrage, alors nous arriverons ensemble à édifier ce qui n'est pas seulement œuvre de la commune, mais œuvre commune.

— C'est ça, il faut toujours des choses provisoires… qui au demeurant sont définitives !

— Le provisoire peut durer de temps en temps c'est vrai, mais il est constant qu'à la mairie nous avons à cœur de bâtir pour construire l'avenir. Mais je comprends votre impatience, car voilà bien quelque chose de terrible qui arrive à notre localité. L'effondrement de ce pont va, si nous n'y prenons garde, séparer les villages les uns des autres, empêcher les enfants d'aller à l'école et plus personne ne pourra envoyer sa marchandise en ville. Et il y aura plein d'autres conséquences néfastes, j'en suis certaine.

— Que faire alors ? demanda le responsable de la caisse villageoise de l'autre côté de la crevasse du pont, en tapant légèrement son stylo sur le carnet.

— Les caisses de la commune sont vides… et c'est pourquoi j'insiste sur l'impérieuse nécessité de travailler ensemble. C'est cela qui va nous permettre de remettre nos villages et nos populations ensemble. Dans le cas contraire, nous courons à la catastrophe.

Des hommes couverts de boue marchaient à côté du maire, allant de temps en temps regarder la fosse de près avant de reprendre place derrière où à côté de l'élue municipale. Le fait d'aller rester au bord du trou béant, de contempler les viscères de la terre comme celles d'un spectre apocalyptique, et l'eau encore batailleuse, donnait l'impression que ces personnes se livraient à quelque obscur cérémonial. Avant cela, elles avaient poussé les voitures, étaient montées sur les échelles et les arbres, avaient pataugé dans les eaux mortes pleines d'œufs et de larves pour permettre à toute la délégation d'arriver sur le lieu de l'effondrement du pont.

À nouveau, Madame le maire s'avança vers le bord du cours d'eau et contempla la course de la rivière quelques mètres plus bas. La grincheuse avait presque regagné son lit après l'avoir quitté la nuit même dans un accès de colère suite à la tornade. L'eau s'était sournoisement infiltrée dans les buses et le pont s'était affaissé. D'habitude claire, l'eau était rouge, pareille à de la latérite. Elle roulait vite sur le sable, glissait sur les petits morceaux de pierre, charriait des détritus. De l'autre côté du pont, l'homme à l'énorme carnet observait le précipice et ses cavités de ruissellement. Des camionnettes bedonnant de vivres — dont on se demandait comment les chauffeurs avaient manœuvré pour arriver là —, se rangeaient derrière l'homme et son carnet de notes géant tandis que d'autres se positionnaient à la suite de la longue file déjà formée du côté du maire. Alors, tous les véhicules disposés de part et d'autre du pont endommagé s'assemblaient là en une sorte de serpent avec d'énormes écailles multicolores.

Des deux côtés du pont, les oiseaux de basse-cour se rapprochaient des cases ; une poule, plumes ébouriffées, happa un criquet stridulant tout près d'elle et peu après les poussins se ruèrent sur son bec. Les chèvres, nonchalantes, balançaient leurs têtes de manière saccadée, comme dubitatives devant cet attroupement de personnes, sachant que généralement les regroupements d'humains au village ne présageaient rien de bon pour leur communauté. Et les porcs, complètement indifférents à ce qu'il se passait, se rapprochaient des étables, sondant une ultime fois à l'arrière des cases le sol humide devenu boueux à force de fouilles infructueuses.

Pareil à un chanteur célèbre, un insecte de nuit siffla, s'arrêta un moment avant de bisser. Les enfants achevaient leurs jeux devant les vérandas ; les parents les appelaient et exigeaient une douche à la rivière avec un dernier seau d'eau à rapporter avant la tombée de la nuit. Un ultime coup de pied au ballon et les bambins sautillaient de joie en rentrant dans les maisons, le bras autour du cou du petit camarade. Le fair-play existe sur le terrain de foot ordinaire du village. Il sera mis en scène plus tard sur les stades du monde entier devant des millions de téléspectateurs, lorsqu'on aura suffisamment excité l'instinct de fauve qui pousse à empoigner l'adversaire du jour pour demeurer indomptable.

Dans l'immédiat, des vivres s'accumulaient de part et d'autre de la rivière. L'affaissement du pont accentuait la séparation des villages et de leurs habitants, immobilisait les voitures de transport, leurs passagers et leurs vivres. Alors des régimes de bananes, quoique verts encore, prenaient une teinte jaune. Loin des entrailles protectrices de la terre, le manioc se desséchait et les épis de maïs, lorsqu'on leur enlevait une partie de leurs feuilles, n'exhibaient plus ces graines blanches comme un sourire bienveillant. De fait, la nuit avait été fracas, flot et fêlure ; le jour foulé de feu. À présent le petit obus jaune venait de croiser au loin un nuage épais. Le nuage se détacha et l'horizon éblouit avec des teintes orangées, puis la dernière case visible happa le soleil. Madame le maire et l'homme au carnet de notes avait continué à débattre des deux côtés du cours d'eau. C'est alors que Madame le maire dit :

— Trouvez-nous de l'argent dans votre microbanque pour que nous construisions un pont provisoire. Bien sûr la mairie vous sera très reconnaissante et nous vous rembourserons jusqu'au dernier petit CFA, avec de gros intérêts, s'il le faut.

L'homme releva la tête, corna une page de son épais carnet dans lequel il notait quelque chose et :

« Vous savez vous-même que nous avons des procédures, on ne sort pas de l'argent de la caisse comme cela. C'est l'épargne des gens du village et tout cela est très encadré…

— Ah monsieur le responsable de la banque, dit Madame le maire d'un ton conciliant, voilà des procédures un peu dures. Regardez vous-même la situation : avec l'effondrement du pont, ce sont les marchandises de ces mêmes personnes qui vont périr ! S'il n'y a pas de commerce, il n'y aura de l'argent pour personne. Et comment les gens pourront encore épargner et faire vivre la caisse villageoise ?

— Oui, mais que fait donc la mairie, demanda l'homme ? Où est passé le budget que vous avez voté pour ce genre de situation ?

— Et voilà, ça y est, c'est reparti. On ne s'en sortira jamais ici tant qu'on est pas capable de faire la part des choses, de séparer l'important de l'accessoire.

— Une chose est sûre : nous ne sortirons pas l'argent comme cela de notre caisse. Ce n'est pas à cela qu'il est destiné. Et nous n'avons pas encore trouvé, nous autres, gens de ce village les plants de cet arbre qui produit de l'argent.

Madame le maire ajusta son écharpe autour de son ventre dodu et avança de quelques pas vers le ravin. Elle s'arrêta net au moment où un léger affaissement entraîna un bout de terre dans l'eau.

— Mon fils, mon frère, mon…, je ne sais plus comment t'appeler toi. C'est vraiment d'une union sacrée que je parle là. Face à la calamité, unissons nos forces. Nous reviendrons à nos petites querelles plus tard.»

—Oui la mère, Madame le maire et… tout le reste, dit le responsable de la caisse villageoise qui avait reculé lors du petit éboulement en posant son carnet bien en évidence sur sa poitrine, le problème, c'est la façon dont les choses sont organisées dans cette localité. Ce n'est pas vous que je combats souvent hein, mais la manière dont la mairie fonctionne.

Les membres du conseil municipal, les autres responsables de la mairie présents et quelques habitants du village suivaient Madame le maire et le responsable de la caisse villageoise dans leurs échanges. Des deux côtés du pont brisé provenaient des arguments et des contre-arguments que l'on présentait en parlant fort, pour convaincre certes, mais aussi pour bien se faire entendre de l'autre côté. On spéculait en criant comme le ferait un enseignant devenu inaudible dans un amphi du fait d'une panne de micro. Bientôt, on ne distingua plus son contradicteur de l'autre bord. Encore quelques arguties pour le fonds du débat, la forme étant perturbée à présent par des ténèbres épaisses. On reviendrait le lendemain d'accord commun.

Madame le maire monta dans la voiture pour permettre au chauffeur de manœuvrer sans la couvrir de boue. Toussotements lointains d'une tronçonneuse. La machine s'enrayait-elle de fatigue ou était-ce son utilisateur qui cédait sous le poids de l'épuisement ? Les voitures s'enfoncèrent dans la terre boueuse. Et les moteurs hurlaient et hurlaient encore dans les méandres du circuit au rude décor. Les roues tournaient et retournaient de petits morceaux de vase en les pulvérisant sur les gens à la ronde. Finalement, les voitures tremblaient, tressautaient et cascadaient sur la route avant de rouler lentement, comme à contrecœur, avec des spasmes douteux d'un orgasme. Avant de rejoindre l'un des véhicules, chacun se frottait les bras ou le visage, répandant des mamelons de terre sur tout le corps, se forgeant ainsi des masques blafards sous la lumière des phares.

Le lendemain, les membres du comité de gestion rejoignirent le responsable de la caisse villageoise à l'entrée d'un grand hangar. Il était penché au-dessus de son calepin posé sur les genoux. L'ancien instituteur ne se séparait presque jamais de son carnet. Lorsqu'il était chargé de l'éducation des enfants à l'école du village, il en avait un semblable où il notait avec précision le comportement de chacun de ses élèves. À la fin du trimestre ou de l'année scolaire, il reportait avec minutie ses observations sur les écoliers au grand dam de ces derniers, mais à la satisfaction des parents qui ne manquaient pas de s'étonner de la justesse du jugement de l'éducateur. Une fois à la retraite, cette habitude avait joué en sa faveur lors de la création de la caisse. L'assemblée générale l'avait désigné comme président du comité de gestion de la caisse villageoise. Mais à présent, les gens se demandaient ce qu'il écrivait dans ce fameux carnet en toute circonstance. Traquait-il à toute heure et en tout lieu les échéances des paiements des épargnants comme l'affirmaient certains ? Ou alors, comme le prétendaient d'autres, listait-il partout dans le village des projets à fort potentiel de rentabilité pour les proposer aux adhérents de la caisse ? Quelques années auparavant en effet, les populations de la contrée avaient décidé de mettre sur pied une caisse villageoise susceptible de mobiliser des fonds en local et d'octroyer de petits crédits productifs.

Comme convenu la veille lors des échanges, le comité de gestion de la caisse se tenait prêt à aller à la rencontre du conseil municipal. Lorsque les occupants du hangar entendirent le bruit proche des voitures, ils avancèrent vers la rivière, à l'exact endroit où le pont avait cédé. En apercevant les voitures de l'autre côté de la rive, ils montèrent aussitôt sur des pirogues pour retrouver la délégation municipale, entendu que c'était à eux de se déplacer, car les modestes embarcations auraient chaviré sous les corpulences imposantes de plusieurs membres du conseil municipal.

La rivière, bien plus sereine que la veille, se rida au passage des pirogues comme un vieillard plissant son visage raviné. Des ondes se rencontraient en sens contraire et parsemaient l'eau lisse de monticules ; et la rivière, majestueuse et somnolente, ronronnait sous les caresses voluptueuses des pagaies glissant tour à tour d'un côté et l'autre des pirogues.

Sur la grève, le responsable de la caisse laissa la pirogue et sauta sur la terre ferme, bientôt suivi par les membres de sa délégation. Après un passage par l'escalier creusé à même le sol, le comité de gestion de la caisse villageoise souhaitait la bienvenue au conseil municipal de la mairie rurale. De petites tapes réciproques sur le dos au moment des salutations, et la réunion commença. Vu les circonstances, elle se déroulait à l'endroit même où les voitures étaient garées. Du reste, ces véhicules allaient servir de support pour le travail : noter un point précis, mettre à jour une information, et pourquoi pas dessiner ensemble les contours du nouveau pont avec inclusion des besoins de toutes les parties prenantes. Les arbres trapus couvraient néanmoins les négociateurs d'une ombre protectrice, leurs branches se balançant lascivement au-dessus des têtes. Des plantes grimpantes courraient le long des arbres et, sous l'action du vent, titillaient les participants aux assises. Avec leur abdomen replet sur les côtés, leur tête toujours mobile et leur cou souple, des lézards s'approchaient des négociateurs sans paniquer. Ils comptaient sur leur agilité pour fuir et s'enfoncer sous les feuilles sèches et frêles en cas de réel danger.

Alors, Madame le maire remercia le responsable de la banque du village et les autres membres du comité de gestion. Elle dit qu'elle était convaincue qu'ils trouveraient ensemble une solution durable pour réparer le pont. Et peut-être fallait-il profiter de l'occasion pour mettre enfin sur pied la fameuse plateforme de coordination conseil municipal-comité de gestion que tout le monde appelait de ses vœux. «Excellente idée» dit le responsable de la caisse, «Vous savez, en plus d'être maire, vous êtes d'abord notre mère à tous dans cette localité.» Il y eut des approbations gutturales éclatant en de multiples sons rauques parmi les personnes présentes. Elles furent accompagnées de signes de tête expressifs. «Et j'ai souvent dit que je ne vous combats pas vous, Madame le maire, je souhaite juste que les choses avancent au mieux ici chez nous», continua l'homme en lissant délicatement les contours de la portière du véhicule sur lequel il avait posé ses documents de travail. Cette fois, il eut moins de signes exubérants d'approbation autour, à part peut-être le croassement rogue d'un corbeau en plein vol… karrh, karrh, karrh…

— Très bien alors, dit Madame le maire, il nous faut de l'argent tout de suite pour réparer ce pont. Et c'est parce que les caisses de la mairie sont complètement vides que nous sollicitons exceptionnellement votre caisse, en fait je devrais dire à présent notre caisse commune.

— Nous avons toutefois des procédures, répondit le responsable de la caisse villageoise, en regardant au loin de l'autre côté de la rivière les crêtes des collines, longues et vertes. Il faudra qu'on s'assure du respect de ces règles, c'est tout.

Et il se tourna vers les personnes qui l'accompagnaient. Avec des mines dignes, elles opinèrent de la tête. Une femme du comité de gestion rappela que l'argent collecté était uniquement le fruit de l'épargne des gens de la localité et que tout avait bien marché jusque-là grâce à l'application stricte des procédures de gestion.

— Donc il y a bien de l'argent, demanda un membre de la délégation municipale.

— Oui, nous avons de l'argent, dit le responsable de la caisse en ouvrant son carnet.

— Et où se trouve-t-il ? demanda Madame le maire.

— Une partie est à la banque, et l'autre chez notre caissier principal ici présent.

— Il faut préciser que je ne garde pas la clé, dit le caissier. Elle se trouve chez une autre personne.

— Oui, lança une voix du côté du comité de gestion de la caisse. Pour sécuriser les dépôts des épargnants, le manuel de procédures stipule que le coffre soit placé chez le caissier et la clé détenue par un des membres du comité de gestion.

— Ah oui, cela veut dire que vous êtes tous là ? demanda un membre de la suite du maire dont le visage, jusque-là fermé s'illuminait en même temps qu'un rayon de soleil posait un rond lumineux sur sa chemise en s'infiltrant à travers les feuilles d'arbres.

—...

Madame le maire soupira, contempla un moment à ses pieds le sol et son lit de feuilles mortes. « 80 % du budget municipal va dans le paiement des salaires » dit-elle « Après, il ne nous reste plus grand chose pour le simple entretien, et je ne parle même pas de maintenance des équipements et autres infrastructures comme les routes.» Elle ouvrit la portière de sa voiture et s'assit à l'arrière. «Et voilà qu'au moment où nous n'avons absolument rien pour mener un projet d'intérêt général d'une extrême urgence, l'argent dort dans un coffre quelque part ici où il ne sert absolument à rien, sinon à des intérêts particuliers.» Elle ajouta que cela était cynique et brutal, ce à quoi, le responsable de la caisse répliqua en affirmant que malgré sa taille, le but et les objectifs d'une banque, fût-elle rurale, n'échappait pas aux rudes conditions d'existence définies par la loi. «Quand les superviseurs de l'ONG passent ici pour le contrôle de deuxième niveau, ils ne rigolent pas», ajouta-t-il, «Tous les documents comptables et les procédures de gestion sont examinés. Et ils nous répètent sans cesse que la microfinance, c'est déjà la finance.»

— La finance! s'exclama Madame le maire au bout de quelques secondes. La caisse de la mairie rurale est vide quand la caisse villageoise est pleine. Au même moment le village est en crise. Et pourtant, vous-même passiez votre temps à critiquer nos banques commerciales obèses de l'argent des épargnants, mais qui affament leurs projets et les laissent mourir faute de financement. Vous-même ne pouviez pas y ouvrir un compte ou effectuer une quelconque opération. C'est ce qui vous a poussé à créer votre petite banque, n'est-ce pas? Vous êtes encore micro-établissement et vous répliquez déjà avec zèle les méthodes que vous dénonciez hier ! Et même, ne voyez-vous pas qu'il y a déjà assez de fossés entre les gens comme ça pour se permettre d'attendre des jours et des jours lorsque l'un des rares ponts se brise ? Mon avis est que chacun devrait mettre toute son énergie à réparer rapidement le moindre lien qui se distend, la plus petite passerelle qui se fissure, et je ne parle même pas encore d'un pont qui s'écroule !

Les doigts couraient sur les capots, les vitres et les portières des véhicules, se crispaient sur les poignées, les clignotants et les rétroviseurs tandis qu'aux ongles, s'accrochait un mélange de boue et de terre sèche qui se détachait des voitures.

— Si même nous devions étudier ce prêt, dit le responsable de la caisse villageoise, dans quelle ligne prendrions-nous exactement cet argent ? Où est le dossier de demande de prêt à soumettre au comité de gestion pour analyse, en présence d'au moins deux tiers de ses membres ? Avons-nous examiné des éléments tels que la personnalité du demandeur, l'objet même du crédit... ou encore... j'espère que je n'oublie rien...

L'homme s'arrêta et posa sa main sur ses lèvres, les tapota avec son index droit et :

— Ah si, ça me revient, où sont les garanties comme l'épargne ou l'équipement. Ou si nous voulons voir les choses autrement et en toute bonne foi, qui va couvrir une mairie au déficit chronique ?

— Vous voyez alors ? interrogea Madame le maire en sortant à nouveau de la voiture, où est la place des hommes et des femmes de ce village dans tout ce que vous énumérez là ? Vous n'avez que des procédures et des chiffres quand le plantain qui est de l'autre côté est en train de pourrir, et avec ça l'incapacité pour la bayam-sellam[1] de payer les médicaments pour sa famille au centre de santé. Je vous parle de mettre fin à un malaise commun et vous me récitez des textes et des formules. Ah, est-ce donc vrai que les économies des paysans ont endurci leurs cœurs à ce point ?

— Moi, fit un membre du comité de gestion, je dis seulement que si nous devions vous aider à réparer tous les ponts sur la route, ou seulement à creuser quelques caniveaux, il faudrait peut-être cent caisses comme la nôtre pour y parvenir. Entre-temps, nous on aura fait faillite.

Malgré l'ombrage des grands arbres, la chaleur commençait à descendre en strates étouffantes, comme des couches de fumée chaudes au-dessus d'une marmite bouillonnante. Restée à l'extérieur de sa voiture, Madame le maire changeait régulièrement de position, s'accoudant tantôt sur la voiture et tantôt se tenant droite, les mains sur les hanches. Certains membres du conseil municipal avaient croisé leurs bras et d'autres prenaient appui sur un pied puis sur l'autre alternativement. Un membre du comité de gestion bâillait lorsque Madame le maire proposa de façon surprenante à l'équipe de la caisse de se rendre à la mairie cette fois pour poursuivre leurs discussions. «Si vous n'y trouvez pas d'inconvénients

____

1. Femme dynamique qui achète et revend des marchandises.

bien sûr… » ajoute-t-elle. Les membres du comité de gestion se regardèrent les uns les autres. « Pourquoi pas ? » demanda le responsable de la caisse, penché sur ses notes.

De retour de la mairie, il convoqua le lendemain une assemblée générale à l'effet de se prononcer sur la possibilité de prêter de l'argent à la mairie pour réparer le pont défectueux du village. Une seule question fut à l'ordre du jour : le comité de gestion devait-il oui ou non examiner la demande de prêt exceptionnelle de la mairie pour réparer le pont endommagé par les pluies ? Avec un check-list recopié dans son carnet, le responsable de la caisse vérifiait, avant l'arrivée des membres, que tout était en place dans le grand hangar. C'était un vaste abri formé d'un toit de paille élevé sur des poteaux servant de piliers et ouvert de différents côtés. Sur la table qui allait servir de bureau de travail étaient déjà posés les outils de gestion de la caisse : bordereau d'entrée et de sortie, journal, registre des adhérents et livrets bleus des clients disposés en plusieurs tas. Chaque membre gardait avec lui son propre livret jaune. Il ne manquait plus que le registre des adhérents et le cahier de la main courante.

Seul ou en petits groupes, les personnes convoquées pour le rassemblement se dirigèrent vers le hangar. Pour prendre part à l'assemblée, il fallait avoir la qualité de membre de la micro-banque bien sûr, mais aussi être à jour avec le montant des dépôt-actions. De longs bancs de bois blanc furent disposés en demi-cercles concentriques face à plusieurs tables alignées bout à bout pour y placer des chaises. Les tables étaient recouvertes d'un tissu-pagne de couleur verte frappé des insignes de la caisse et de sa devise : «Sinueux est le chemin de celui qui marche seul». Sur les sièges du bureau prirent place les membres du comité de gestion élus pour une durée de deux ans. Pour faire prévaloir leur qualité de participants à l'assemblée, les arrivants présentaient leur carnet jaune au secrétaire qui vérifiait que le montant des dépôts-actions était conforme à celui du carnet bleu qu'il retrouvait dans la pile devant lui. Quand tout était en ordre, le membre s'asseyait sur l'un des bancs en face du bureau. Un chien vint au dernier moment s'allonger devant l'assemblée. Et de temps à autre, il secouait sa queue ou une oreille pour chasser une mouche ou un taon qui essayait de s'y poser.

Là-dessus résonna la voix du responsable de la micro-banque, et ce fut le début de l'assemblée générale. D'abord le rappel des raisons pour lesquelles la séance était nécessaire. Puis le récit succinct des derniers événements au village avec la rupture du pont, l'arrivée du maire, la longue réunion sous les arbres, la poursuite des échanges le lendemain, la discussion à la mairie. Le débit était rapide, le ton saccadé et les cordes vocales vibraient avec la force d'un torrent emportant tout sur son passage. Au bout de dix minutes, le rythme des paroles décéléra. La voix baissa, se fêla, traîna sur certains mots et se fit presque suppliante avant de cesser tout à fait.

L'assemblée avait écouté en silence. Mais à peine l'orateur s'était-il tu qu'une voix monta en force de l'assemblée, vers le fond du hangar, et, comme escaladant d'un coup plusieurs tons de gamme, un homme dit :

— Tu parles de prendre nos responsabilités, mais qu'attends-tu de nous exactement ?

— Prendre nos responsabilités, c'est accepter que le comité de gestion octroie un crédit social à la mairie pour réparer le pont endommagé qui est utile à nous tous.

Une clameur s'éleva de l'assemblée.

— Allons-nous tous devenir fous ? demanda l'homme qui avait protesté le premier. Est-ce qu'on va se substituer à la mairie qui a failli à ses devoirs ? Non ! Nous ne pouvons pas cautionner les lacunes de ces gens qui sont là depuis de si nombreuses années.

— Ils sont toujours en train de réagir, dit une femme du côté opposé à l'homme qui venait de parler. Et de réagir de la pire des manières. Il ne faudra pas toucher à notre argent. Dans mes petites économies-là, que le moindre CFA ne cherche pas son frère, voilà ! Je travaille dur et les choses sont très difficiles.

Le chien bâilla en regardant vers le toit de paille puis se tourna vers l'assemblée et laissa pendre sa langue. Une tronçonneuse rugissait au loin contre un arbre. Le responsable de la caisse, président de séance, prenait frénétiquement des notes dans son carnet. Ou peut-être dessinait-il des pendus pour ne pas réagir du tic au tac ?

— Mais si nous ne réparons pas le pont, dit un membre du bureau, bientôt, nous ne serons plus capables d'envoyer nos marchandises en ville. Elles pourriront dans nos plantations alors que les choses marchaient bien jusque-là. Question pour toi ma sœur : que deviendra la boulangerie artisanale que tu as mise sur pied grâce au prêt productif de notre caisse commune ? Tu ne pourras plus rembourser le crédit parce que les habitants de ce village seuls ne pourront pas acheter et consommer tout le pain que tu produis chaque jour. Ou bien, vois le cas de notre frère qui a emprunté de l'argent pour acheter le car de transport d'occasion de 14 places. Il verra ses activités mourir. Il n'ira pas bien loin avec un pont cassé. Et ça fera directement au moins deux nouveaux chômeurs pour notre village : le motorboy[2] et le chauffeur lui-même.

Le chauffeur qui participait à l'assemblée était d'avis qu'il fallait voler au secours de la mairie, ou à défaut trouver une solution pour réparer le pont en cas de difficulté à collaborer avec la municipalité. Le président de séance en profita pour rappeler que le succès de ce chauffeur faisait bien la fierté de tout le village. C'était là un exemple de réussite, une success-story comme on disait à présent. D'ailleurs, chacun présentait volontiers son cas à toute personne qui s'intéressait à la caisse. Le crédit était déjà remboursé aux trois quarts et les conditions de transport des personnes et des biens s'étaient considérablement

---

2. Apprenti chargé d'ameuter les passagers et de collecter le prix du trajet.

améliorées dans le village, en plus des deux emplois directs créés par l'activité. Sur quoi une autre dame demanda la parole, se leva quand le président lui fit signe et ajusta le pagne noué autour de sa taille.

— Dis donc, avons-nous oublié comment ces gens nous ont abandonnés à un moment donné? demanda-t-elle. Ils ne s'intéressent pas à nous, ne viennent jamais voir quels sont nos problèmes quotidiens. Ils ont même arrêté de nous distribuer des plans de cacao, des fongicides et d'autres intrants agricoles. Quand ils se sont désengagés, ils nous ont livré à nous-mêmes. Regardez l'état même de la route. Nous sommes marginalisés depuis des décennies. L'histoire du pont ne les intéresse que parce que ça leur permet de… bah disons-le… de rejoindre les autres villages de l'autre côté où ils abattent jour et nuit les arbres avec leurs complices.

D'autres voix jaillirent des quatre coins de l'assemblée et enflèrent dans le hangar, aiguës, fluettes ou graves, des voix où pointaient l'étonnement et la suspicion; et l'âpreté, la passion et le fiel des échanges semèrent la confusion dans le hangar qui sembla s'être mué en une église avec des adeptes surexcités où chacun criait pour lui-même, parlait sa propre langue en quelque sorte. Puis les paroles s'altérèrent progressivement et tout le monde se tut. Aussitôt une tronçonneuse démarra dans la forêt lointaine, toussota deux ou trois fois et gronda contre un arbre dans un corps à corps féroce. Le chien, devant la table du bureau, tourna la tête vers son maître (le responsable de la caisse) qui s'était levé pour demander du calme, puis regarda l'assemblée et aboya par petits coups secs. Il fallait passer au vote pour prendre une décision comme le stipulaient les textes.

Le lendemain du vote, un petit groupe de personnes se rassembla devant la maison du responsable de la caisse villageoise. Des grognements s'élevaient crescendo devant la maison. Elle était fermée — chose inhabituelle à cette heure de la matinée. Et il n'y avait aucun indice que celui qu'on cherchait, ou sa femme se trouvaient à l'intérieur, pas même un quelconque aboiement de son chien, les enfants du couple vivant loin du village depuis longtemps. Si au moins le calepin que l'homme traînait partout avec lui était visible quelque part ! On aurait peut-être su où il était, ou simplement ce qu'il y écrivait, car certaines personnes avaient invariablement affirmé qu'il espionnait depuis toujours les gens du village. Et rien de rassurant au fait que le petit groupe avait aussi noté la disparition du caissier et du membre du comité de gestion qui détenait la clé de la caisse. Alors de jeunes hommes commencèrent à amener des bidons d'essence servant à ravitailler les groupes électrogènes certains soirs. Ils les posaient autour de la maison du responsable de la caisse. Ils ne se pressaient pas et il y avait foule à présent. Certaines personnes racontaient comment elles avaient entendu au petit matin des bruits de voiture, ou de moto peut-être, on ne s'en souvenait pas très bien, c'était au petit matin ; d'autres personnes regardaient fixement la maison devant eux. Il se reflétait déjà dans leurs yeux hagards des flammes délirantes.

QUI VEUT LA PEAU DES GORILLES ?

Le secrétaire d'État à la Faune était encore un simple citoyen ce jeudi-là avant dix-sept heures. Ce fut précisément à cette heure que la radio lut et relut le fameux décret de nomination. Quelques minutes plus tard, il descendait d'une moto-taxi tenant un melon dans chaque main lorsqu'il vit des gamins du quartier venir à sa rencontre, tapant sur des objets hétéroclites avec la frénésie de petits danseurs stimulés par l'iboga et en partance pour leur rite d'initiation. «Parlez encore… parlez encore…!» scandaient-ils en se trémoussant dans un concert de voix et d'instruments de circonstance.

L'homme trébucha en descendant de la moto. Il posa l'un des melons sur le siège où il était assis et fouilla l'une des poches de son pantalon, puis l'autre ; tâta les poches droite et gauche de sa chemise et trouva enfin la pièce de monnaie qu'il cherchait. Il la remit au moto-taximan. Alors, le melon roula sur le siège passager et s'étala sur le sol en un petit rideau rouge parsemé de minuscules taches noires. «C'est pour la fête hein, tonton!» dit l'un des gamins «Une fête n'est réussie que lorsqu'il y a des plats qui se cassent et des choses qui s'abîment».

Il en était là quand des femmes du quartier l'assaillirent avec des youyous. Elles l'embrassaient là en pleine chaussée et l'étouffaient tandis que les enfants lui tiraient la chemise et le pantalon.

— Mon voisin est en haut, adieu la galère, lança un badaud, tout en joie.

— Secrétaire d'État... secrétaire d'État... secrétaire d'État... scandaient plusieurs voix, avec des poings levés vers le ciel.

Le deuxième melon s'échappa des mains de l'homme, roula sur plusieurs personnes et vint retomber sous ses pieds en s'émiettant sur la chaussée tandis qu'une partie du jus pourpre entachait son pantalon kaki.

Il entrait de nouveau dans le gouvernement de la République.

La nouvelle se balada dans sa tête, tourbillon vertigineux à l'approche d'un orage, alors qu'il était toujours là au bord de la route et que les curieux avaient envahi la chaussée au point de la couper en deux. Les automobilistes mêmes sortaient de leurs voitures, laissant les portières ouvertes et les conducteurs de moto descendaient de leurs engins en les renversant sur le goudron. Et comme des mouches ensorcelées par une source lumineuse, hommes, femmes et enfants s'agglutinaient autour du glorieux personnage.

Du centre de la zone fiévreuse, le membre du Gouvernement essayait de se frayer un chemin dans la foule pour arriver chez lui. Il glissait sur les morceaux de melon rouge, pataugeait entre deux bousculades en des directions opposées ; ou alors ses pieds, prenant appui sur le sol, esquissaient un mouvement comme un nourrisson en marche automatique. Mais il n'allait pas bien loin. «'Allez, allez, c'est bon là!» dit-il en tentant de se dégager d'un enfant agrippé à sa ceinture. «Laissez-moi tranquille, je vais te taper, hein!» L'enfant rit fort à cette belle blague tandis que la foule s'épaississait. Des familles sortaient en vagues continues des maisons alentours. On aurait dit que des lignées entières précédaient au grand air les aïeux successifs dans un compte à rebours vers l'origine.

Alors le dignitaire se résolut à appeler les forces de l'ordre. Il parvint, aux prix de moult efforts, à glisser une main dans l'une des poches de son pantalon avant de fouiller toutes les autres du mieux qu'il put. Ne trouvant rien, il ne lui resta plus qu'à danser avec la foule autour de lui. «Vas-y, excellence, casse le dos… comme ça… comme ça!» dit quelqu'un à côté de lui. Et il s'exécutait en imitant son coach de circonstance. «C'est excellent, continuez… sur le côté… sur le côté!» Dans sa chorégraphie, le dignitaire était aussi habile que la tortue des contes qui use sans cesse de stratagèmes pour tromper l'ennemi. Et ses feintes, à gauche, à droite et surtout devant, relevaient tant de sa technique de danse que de celle nécessaire au parcours des quelques dizaines de mètres qui le séparaient de sa maison. Un sourire guindé aux lèvres, il montrait ses dents blanches contrastant avec un visage noir et une tête de jais dégarnie, luisante à présent. La sueur ruisselait sur ses joues rasées de près. À l'Université où il était prof de lettres, le surnom «d'Enfant noir» avait trait aussi bien à sa physionomie qu'au fait qu'il citait sans arrêt cette œuvre au programme de la formation de ses étudiants. Il avait repris les cours après son départ de la première équipe de l'actuel Premier secrétaire d'État, chef du Gouvernement.

Chez lui, il trouva une foule grouillante et accueillante, des visages inconnus pour la plupart. Chacun tenait à s'approcher de lui, à l'embrasser. Les hommes cognaient plusieurs fois leur tête contre la sienne au risque de lui donner des maux de tête, tellement certains coups étaient appuyés. Ici on lui rappelait sa noblesse, là son humilité légendaire et plus loin sa poigne à la fois persuasive et courageuse. Et puis ce pas de danse chaloupé n'était pas si mal contrairement aux affirmations de certains qui trouvaient l'homme rebelle à tout tempo de danseur, trop occupé, ajoutaient ceux-là, à se soucier du rythme des phrases dans les livres.

Le secrétaire d'État à la Faune se soumit aux effusions avec un sourire constant sur les lèvres. Laisser battre son cœur avec le pouls de la foule de manière à ce qu'il n'ait plus qu'une seule pulsation ! Au bout d'un moment et prétextant une urgence relative à ses nouvelles fonctions, il se glissa dans sa chambre. Et comme les joueurs de balafons étaient arrivés, ils jouaient aussi bien des coudes que des notes pour être au cœur de l'action. Ils chantaient les louanges du héros de la maison, glorifiaient ses ancêtres et rappelaient l'arbre antique qui s'était brisé en deux dans les entrailles intimes de la forêt le jour de sa naissance, comme un signe avant-coureur du destin exceptionnel qui allait être le sien. Mais le dignitaire venait de fermer la porte de la chambre à double tour. Sur le lit, était assise sa femme, dont le visage s'illumina à sa vue, comme une ampoule s'éclaire.

— Ha te voilà! souffla-t-elle, en se levant pour étreindre et féliciter le mari pour son retour aux affaires. Heureusement que tu es arrivé parce que je ne savais plus où mettre la tête. Tous ces gens sont arrivés dès qu'on a lu le communiqué du remaniement du Gouvernement à la radio.

Un oyenga[3] strident en provenance du salon l'obligea à se taire un moment. Le dignitaire en profita pour s'affaler sur son lit, les bras en croix.

— Il me faut des gorilles, lâcha-t-il au bout d'un moment.

— Comment ça des gorilles…?

— De vrais gorilles, cette fois, sinon je ne m'en sortirai pas.

— Qu'est-ce qu'il se passe chéri? …

— Je te parle de vrais gardes du corps, pour que je respire un peu.

La femme soupira en se calant au coin du lit.

— Je vais insister sur ce point dès demain, il me faut de solides gardes du corps pour que je puisse travailler comme il faut, et que toi, les enfants et toutes les personnes ici à la maison ayez un peu

---

3. Youyou de joie

de tranquillité. On enverra quelques éléments dès ce soir et nous allons déménager rapidement pour la nouvelle résidence de fonction. Figure-toi qu'on m'a déjà volé mon téléphone portable et que j'ai mis trente minutes à arriver ici à la maison après que la moto m'ait déposé à l'entrée du quartier.

— Oh…

— Bon, bref, il faut donner à boire et à manger à tous ces gens. As-tu déjà fait acheter la boisson ?

— Euh, non, tu sais que… ces derniers temps…

— Ça va aller maintenant, interrompit le membre du Gouvernement. Passe-moi ton téléphone, veux-tu ? Je vais appeler mon entrepreneur, celui qui a travaillé au village. C'est vrai qu'il m'a fui dès que je suis sorti du premier Gouvernement de notre actuel Premier secrétaire d'État. Il fera moins le malin à présent. Et d'abord les restaurants de sa chaîne sont partout. Il y en a un tout près d'ici. Qu'il m'apporte des camionnettes de bières et…

En parlant, il forma le numéro de son correspondant sur le téléphone de sa femme, numéro qu'il connaissait par cœur, même si cela faisait cinq ans qu'il ne l'avait pas utilisé. Son correspondant, au village pour des funérailles, le félicita avant même qu'il n'ait pu placer un mot. Ils évoquèrent rapidement des sujets laissés en jachère depuis cinq ans et en abordèrent de nouveaux qui tiendraient sur les dix prochaines années, ou même plus. Dans l'immédiat, l'entrepreneur confirma à son interlocuteur sa diligence à faciliter le séjour des personnes de passage à son domicile.

Lorsque la presse arriva, il y eut de nombreux échanges avec les journalistes et l'un d'entre eux dit : «Dans le premier Gouvernement de notre premier secrétaire d'État, vous étiez secrétaire d'État à la Forêt (SEFO) ; maintenant, vous êtes Secrétaire d'État à la Faune (SEFA), qu'est-ce que cela vous fait de passer de SEFO à SEFA ?»

— Vous savez, c'est dans la forêt qu'il y a la faune, répondit le SEFA en accompagnant chacun de ses mots d'un geste pour s'assurer que les téléspectateurs saisiront à la diffusion les mille nuances de son discours. S'occuper du contenu après le contenant est une tâche exaltante et je mesure le poids de mes hautes responsabilités. Soyez rassuré qu'à la faune comme avant dans la forêt, je suivrai ma feuille de route à la lettre.

Les choses allèrent vite ensuite. On programma la cérémonie de passation de service entre l'ancien et le nouveau secrétaire d'État le lendemain même du remaniement du Gouvernement — ou de son réajustement, car il y avait là, entre analystes, un débat sémantique quasi insoluble. Du coup, la ville connut de nombreux embouteillages avec les différents cortèges ondulant comme des serpents à sirènes dans les quartiers de la cité.

L'entrée du SEFA dans la salle des cérémonies se fit juste avant l'arrivée de son prédécesseur. Ce dernier eut du mal à s'assoir sur son siège. Il sortait du Gouvernement. Il n'eut pas assez de places pour contenir tous les invités. Même les chefs traditionnels venus bénir leur fils durent choisir certains d'entre eux pour entrer dans la salle des cérémonies, et encore, en laissant leurs serviteurs à l'extérieur. Et que ce serait-il passé du coup si une de ces notabilités coutumières, prise par exemple d'une quinte de toux, avaient voulu cracher en l'absence du serviteur? On connaît l'agilité de ces fidèles, prompts à saisir au bond la moindre goutte de salive des gardiens de la tradition.

L'après-midi même, le SEFA présida le premier conseil d'État à la Faune. Il fit part à ses principaux collaborateurs de sa détermination à lutter contre les braconniers et toutes les atteintes aux équilibres fauniques. Il annonça qu'il tiendrait chaque samedi, dans son village, un conseil restreint. Il fallait aller vite. Et deux jours plus tard, l'hélicoptère du SEFA souleva la poussière de la plate-forme aérienne de l'immeuble du secrétariat d'État en s'élevant au-dessus de la ville; et au village quelques dizaines de minutes plus tard, des feuilles d'arbres volèrent dans l'air au moment de l'atterrissage. Le secrétaire d'État à la Faune fut accueilli à sa descente d'hélicoptère par son secrétaire particulier (SP) qui lui présenta ses collègues présents, tous les collaborateurs du SEFA qu'il avait conviés à la réunion restreinte.

Si une bonne partie des collaborateurs s'était mise en route au petit matin, le SP était arrivé au village la nuit précédente avec toute la logistique, après une ultime réunion de préparation au bureau. Aucune fatigue visible cependant chez lui, vu l'énergie qu'il dégageait et qui semblait se renouveler à mesure de la progression des activités. Il conduisit le SEFA vers sa voiture autour de laquelle avaient pris position des gorilles. Le SEFA avait convaincu sa haute hiérarchie d'en mettre un nombre conséquent à sa disposition la veille. Pour plaider son cas, il avait insisté sur la lutte acharnée qu'il mènerait contre les braconniers sur l'étendue du territoire national. Chacun savait que ces gens n'étaient pas des tendres.

Avant de monter dans sa voiture, il alla saluer une foule de villageois venue l'acclamer. Mais il ne prit aucun risque inutile. Toutes les péripéties du jour de sa nomination étaient encore bien fraîches dans sa tête. «Subtiliser le téléphone d'un membre du Gouvernement» pensa-t-il, «Faut être cinglé quand même». En serrant quelques mains de loin, le corps raidi, il se demandait ce que le voleur allait faire de son téléphone. Il n'y avait plus aucun sens des valeurs dans le pays. Si un jour il devenait secrétaire d'État à l'Éducation, il instituerait des cours de formation à la citoyenneté et à la bonne moralité de la maternelle à l'Université.

Comme s'ils avaient lu dans les pensées de la haute personnalité dont ils assuraient la protection, les gardes poussèrent le SEFA vers sa voiture. On ouvrit la portière. Le SEFA s'assit. Les gorilles prirent position à l'avant du véhicule, sur les deux côtés où se trouvait le chauffeur, aux portières du SEFA, et d'autres encore se placèrent à l'arrière de la voiture. Puis véhicules et hommes se dirigèrent vers la salle des fêtes du village. Les vestes des gardes flottaient au vent, leurs cravates balançaient sur les côtés tandis que les talons pointus des chaussures à bouts carrés creusaient en pagaille de petits trous dans le sol poussiéreux. Le soleil pointait ses rayons sur la contrée en d'affreux doigts filiformes, dont les griffures brûlantes allaient bientôt égratigner les peaux. Les gorilles continuaient à courir dans la poussière. Lorsque la route devenait étroite, ils entraient dans la broussaille et sur leurs habits, s'agrippaient toutes sortes de feuilles et de plantes grimpantes qu'ils essayaient d'enlever ensuite pour garder leur chic, au risque de se laisser distraire de leur mission principale. Sur un pont particulièrement étroit, ils furent obligés de laisser avancer la voiture toute seule, — laissant un moment le SEFA à découvert. Le gabarit de l'ouvrage ne permettait pas d'accueillir une voiture et des hommes autour au même moment. Alors le véhicule traversa le pont en premier tandis que les gardes s'échauffaient sur place pour garder la foulée. Puis tout rentra dans l'ordre de l'autre côté de la rivière.

«Mesdames et messieurs les directeurs, chers collaborateurs et distingués invités» dit le SEFA, une fois installé avec tous les participants autour de la table dans la salle des fêtes du village. «Je vous remercie tous pour votre présence à cette réunion restreinte».

Et sans plus attendre, il ouvrit l'une de ses chemises cartonnées et déroula l'ordre du jour de la session, puis :

— Quoique ce soit une réunion restreinte, je l'ai tout de même élargie à l'entrepreneur qui travaille à la construction de ma maison ici au village.

Et pour ceux qui ne le connaissaient pas, le SEFA présenta son fidèle entrepreneur, celui-là même qui avait commencé à bâtir sa résidence jusqu'à ce qu'il sorte du premier gouvernement de l'actuel Premier secrétaire d'État, cinq ans plus tôt. Il rappela ensuite qu'il attendait de ses collaborateurs une franche coopération avec lui et qu'il ne tolérerait pas des pertes de temps inutiles ni des querelles stériles. En particulier, ajouta-t-il, il était constant que le directeur des ressources fauniques et halieutiques (DIREFAH) devrait donner un support indéfectible à monsieur l'entrepreneur. Le DIREFAH acquiesça, mais ne dit rien. Son regard alla de l'entrepreneur au SEFA, puis du SEFA à l'entrepreneur comme s'il avait voulu matérialiser le lien invisible, une corde secrète qui aurait relié les deux hommes, avec chez chacun un énorme nœud coulant autour de la taille. Il se dit in petto qu'il collaborerait du mieux, d'autant que son patron semblait avenant à son égard. N'avait-il pas accepté, au cours de la réunion de la veille sur les nouvelles attributions des directeurs, que l'acronyme de son poste gardât bien le «H» de DIREFAH? Certains collègues avaient prétendu au cours du débat houleux que sur le plan de l'euphonie, cela ne changeait rien qu'on maintînt ou non la dernière lettre. Mais le DIREFAH avait insisté sur l'efficacité fonctionnelle plutôt que sur l'harmonie des sons qui en matière administrative ne reposait sur aucune jurisprudence. Le SEFA avait tranché et maintenu le «H».

L'entrepreneur dit qu'il était content de se retrouver au milieu des hauts commis de l'État pour cette séance de travail, mais qu'il allait se contenter d'écouter les débats. «Moi ma spécialité c'est les travaux publics» ajouta-t-il «Mais bon, même les travaux privés aussi». Si quelqu'un voulait construire une maison solide, qui résisterait au temps et dans laquelle pourraient habiter plusieurs générations futures, il n'était pas nécessaire de chercher bien loin. «Mon truc, c'est vraiment le terrain» conclut-il, en regardant sous la table ses robustes chaussures.

Cela fait, le SEFA passa la parole à son secrétaire particulier pour l'exposé qu'il avait préparé. Le SP attendait cet instant comme un athlète prêt à s'élancer pour un sprint d'enfer. Ses doigts pointant de façon précise l'endroit où il allait entamer sa lecture.»Monsieur le secrétaire d'État, mesdames et messieurs les directeurs, chers collègues» commença-t-il, «Voici les archives du chantier. Nous avons là toutes les informations sur le déroulement des travaux, du début jusqu'à la sortie du Gouvernement le 20 mars…»

— C'est bon, fit le SEFA. Épargnez-nous ces détails. Ces dates seront étudiées un jour par ceux qui travailleront sur l'hagiographie des hommes d'État de notre République.

— Très bien, euh… monsieur le secrétaire d'État de la République…

— Non, non : attendez, pas de méprise sur ces appellations ! dit le SEFA.

Il en profita pour ouvrir une parenthèse et préciser des éléments de langage sur l'organisation de l'exécutif. «Il y a tout au sommet le Premier secrétaire d'État» entama le SEFA. «C'est lui qui forme le Gouvernement et il est responsable devant la représentation nationale. «Ensuite viennent les vice-premiers secrétaires d'État. Remarquez ici que vice-premier ne signifie pas deuxième, mais ne veut surtout pas dire premier. Pour ce qui est des secrétaires d'État de la République, ils jouissent d'une prééminence protocolaire. Typiquement, le secrétaire d'État que je suis doit s'arranger à arriver avant lui lors des cérémonies officielles, et à repartir après.» L'orateur regarda autour de la table comme pour quêter une quelconque réaction. Ici indolence, là somnolence, plus loin nonchalance. Il poursuivit quand même : «Il est toutefois constant que ma mission au sein du nouvel exécutif est décisive. Voyez-vous, aujourd'hui dans le monde entier tout le monde se préoccupe des questions écologiques. Elles donnent lieu à des accords et à des traités internationaux ratifiés par tous, ou presque. C'est que chacun a pris conscience que notre propre survie sur cette planète dépend du respect et de la préservation de notre environnement.»

Autour de la table on s'assoupissait un peu plus. Le SEFA tapa plusieurs fois le plat de sa main droite sur la table et : «Autre chose, reprit-il, il peut arriver qu'il y ait des secrétaires d'État délégués auprès des secrétaires d'État. Comme leur nom l'indique, ils ne sont que délégués. Et c'est pourquoi je n'ai pas jugé utile de convier le mien à cette réunion restreinte. Enfin, les secrétaires généraux coordonnent essentiellement l'activité administrative. Bon, maintenant, pour le secrétaire particulier, il est évidemment très loin du secrétaire d'État sur le plan hiérarchique, car il faut passer, entre autres, par des inspecteurs généraux, des directeurs, des sous-directeurs, des…»

Il leva sa main droite d'avant en arrière pour bien signifier que la liste était longue, puis demanda à son secrétaire particulier si les choses étaient plus claires à présent. «C'est limpide, monsieur le secrétaire d'État», répondit le SP.

— Bien, continuez votre exposé monsieur le secrétaire particulier, dit le SEFA.

— Comme vous le savez, je suivais de très près les précédents travaux, recoupant les informations au quotidien en tant que votre représentant personnel au chantier. Sur la base des anciens documents, j'ai donc déjà mis à jour le cahier de chantier, les stocks, l'état des salaires, le…

— Nous n'entrerons pas dans tous ces détails, dit encore le SEFA. Ce qu'il faut savoir maintenant de façon précise, c'est quelles sont les ressources nécessaires : humaines, intellectuelles, etc. Bref, toutes les capacités à renforcer pour permettre une reprise diligente des travaux du bâtiment dans les délais les plus courts !

— Je…

— C'est exactement cela, monsieur le secrétaire d'État, dit l'entrepreneur, au moment même où le SP voulait signifier qu'il avait bien compris le message.

Et tous les membres du comité restreint dodelinèrent leur tête en signe d'approbation comme une colonie de caméléons changeant ensemble de couleur.

— Très bien, conclut le SEFA en souriant. Nous allons donc passer à la visite du chantier.

Le SP et le chef de la sécurité se concertèrent du regard. Discrètement, ils tentèrent de s'approcher de leur patron. « Qu'est-ce qu'il y a encore ? » demanda ce dernier en levant ses mains, paumes tournées vers ses collaborateurs pour leur signifier de ne plus avancer. Il était tard toutefois, le SP étant déjà à son niveau et insistant pour lui transmettre discrètement une information. Quoiqu'agacé, le SEFA tendit l'oreille. Tout à coup, son visage devint sombre, toute trace du sourire antérieur disparut. La peau même sur son visage s'affaissa. Gonflant ses joues pour les remplir d'un maximum d'air, il tchipa aussi fort qu'il put. Ses yeux restèrent grands ouverts. La surprise englua tout son être et le paralysa l'instant d'un envoûtement fugace.

« Attention, vous voulez me faire avaler des couleuvres ! » dit enfin le SEFA, relâchant ainsi une partie de la tension. «C'est quoi cette histoire selon laquelle nous ne pouvons pas visiter le chantier parce des gorilles y ont élu domicile? Ma résidence est donc devenue leur habitation? Est-ce qu'ils m'ont aidé à construire cette bâtisse? Ils croient qu'ils peuvent seulement investir comme ça une demeure et s'y prélasser à longueur de journée? Sans blague!»

— Je me permets d'intervenir, monsieur le secrétaire d'État, dit le chef des gardes du corps, nous n'avons pas réussi à sécuriser le site depuis deux jours que nous sommes là.

Il s'était mis à l'autre bout de la table et parlait là, debout, les bras le long du corps et les mains moites sur le dos avec un visage carré et des yeux noirs et perçants. Les muscles saillants sous la veste bombée au niveau de la poitrine ne semblaient pas suffisants pour lui donner tout le courage nécessaire pour faire face à la colère insubmersible du SEFA dont les bruits des talons cognant le sol sous la table résonnaient aussi fort qu'une barre à mine trouant la pierre. Non! Même les entraînements ardus de commando en protection rapprochée des hautes personnalités à travers le monde étaient peu de choses.

Alors, le SP toussota. Il dit : «Nous avons mené une première enquête sur le terrain, et attendant peut-être la création d'une commission plus formelle par vos soins, monsieur le secrétaire d'État, il ressort que ces malheureux gorilles ont occupé votre domicile à la suite des grands incendies consécutifs aux feux de brousse…

— Voilà pourquoi j'avais interdit les feux de brousse quand j'étais au secrétariat d'État aux Forêts. Bien sûr, à l'époque on m'a accusé de chercher à affamer les populations et ainsi susciter une révolte si les gens ne pouvaient pas faire des plantations. Ça m'a valu ma sortie du Gouvernement.

Le SEFA se leva de son siège et marcha de manière à se retrouver nez à nez avec le responsable de sa sécurité.

— Je veux que vous me délogiez ces intrus au plus vite et que les travaux reprennent sur le chantier.

— Euh…

— Qu'est-ce qu'il y a, vous êtes devenu aphone ?

— Non monsieur le secrétaire d'État à la Faune.

— Donc, je ne veux aucune objection. Si ça ne marche pas, je ferai tuer tous les gorilles…

— Lesquels ? demanda le responsable de la sécurité avec des trémolos dans la voix, profitant du fait que le SEFA avait le dos tourné alors qu'il s'en retournait à sa place.

— Comment ça lesquels ? demanda le SEFA en s'asseyant à nouveau. Mais les gorilles qui occupent à tort ma résidence !

Le responsable de la sécurité respira un grand coup et reprit lui aussi sa place initiale. On se détendit autour de la table. Dehors, un vent venu du grand fleuve à quelques encablures de la salle courba les branches d'arbres et entra par les ouvertures en faisant voler quelques feuilles sur la table. Il rafraîchit les participants à la réunion. Le SEFA renvoya les autres points à l'ordre du jour au prochain comité restreint et mit officiellement un terme à la réunion.

*
* *

L'administration du secrétariat d'État à la Faune était logée dans un bâtiment commun à d'autres administrations. Ce matin-là, des usagers y accédaient par le petit portail, et à travers le grand entraient des voitures.

À l'entrée, des hommes en costume-cravate discutaient çà et là, des dames en tailleur aussi. Dans le hall, devant des tableaux d'affichage se tenaient des personnes en train de consulter diverses annonces sur un mur. On trouvait les informations relatives au dernier concours interne, des avis de stage ou encore des nominations et des affectations. Derrière eux, en embuscade, un ascenseur avalait des personnes. Le cube métallique ouvrait et fermait ses portes, les rouvrait et les refermait plus haut ou plus bas sans jamais s'arrêter de la journée au gré des désidératas des utilisateurs. Son activité fougueuse commençait au sous-sol de l'immeuble, attendu que c'était l'endroit où les principaux responsables garaient leurs voitures avant de monter dans leurs bureaux respectifs.

Lors de l'une de ces navettes, l'ascenseur s'arrêta au quinzième étage. Un homme grand et robuste, portant une veste et des lunettes noires sortit alerte du côté droit et traversa la porte de l'ascenseur en diagonale pour se mettre juste à l'entrée à gauche. Une ou deux secondes après, un autre homme, portant une veste et des lunettes noires sortit du côté gauche et se plaça à l'entrée côté droit. Un troisième, vêtu de façon identique que les deux premiers, sorti à reculons et en ligne droite. Il portait une oreillette blanche, la même que les deux premiers gaillards. Alors, le SEFA sortit à son tour. Toutes les personnes déjà à l'extérieur de l'ascenseur — et celles qui y jaillirent après — marchèrent ensemble vers son bureau.

En fait, la réunion du village avait eu pour première conséquence le renforcement du dispositif sécuritaire autour du SEFA dès le lendemain. Les gorilles représentaient un danger d'un nouveau type, après la menace des pickpockets qui s'étaient volatilisés avec son téléphone le jour de sa nomination. « 'Ce n'est pas augmenter la réalité que d'insister sur le fait que le danger n'est plus seulement virtuel» avait plaidé le SEFA pour sa demande ad hoc.

Il entra dans son bureau sans passer par celui de sa secrétaire. Le week-end avait engendré des nuits agitées. Il n'avait pas beaucoup dormi. Les derniers événements du village étaient fort troublants. Une fois dans son bureau, le SEFA alla se tenir au niveau des larges fenêtres en vitres. Il contempla le boulevard des solennités, là où il s'assiérait en bonne place lors des prochaines cérémonies officielles. «Ah», pensa-t-il, «et si après toutes les autres fêtes on en instaurait une pour la faune? Comme ce serait génial de voir des animaux de tout le pays remonter cette grande avenue, le poil luisant et le museau au vent, avec d'interminables applaudissements dans l'air… Bien sûr, les gorilles en seraient exclus. »

La rue devenait éblouissante sous le soleil et au loin les carrosseries des voitures brillaient en réverbérant les rayons. Vers le rond-point verdoyant, voitures et personnes rapetissaient à la vue du SEFA. Deux écolières, qu'il reconnut à leur uniforme, s'amusaient à courir sur le trottoir. Elles jouaient à se suivre l'une l'autre. À un moment, la première posa sur le pavé son sac à dos muni de roulettes et lorsqu'elle précéda sa compagne de jeu avec une distance conséquente, elle leva le poing en signe de victoire. Que faisaient ces élèves dehors à cette heure ? Enfin, se dit le SEFA, c'était là une question sans importance eu égard à toutes celles qui le tracassaient déjà et qu'il ne devait pas prendre de haut. Mais si d'aventure, il devenait un jour secrétaire d'État à l'Éducation, les écoliers ne traîneraient pas dehors aux heures de classe. Il s'assit sur son bureau, prit son agenda et l'ouvrit. De nombreuses activités remplissaient les pages des jours de la semaine. Peu à peu, les mots se mirent à danser sous ses yeux, ondulant comme des vaguelettes à la surface d'une rivière sereine. Et de l'une de ces petites vagues sortit sournoisement un minuscule gorille facétieux qui se mit à grossir progressivement avant de prendre tout à coup des proportions démentielles lorsqu'il se mit à nager avec ses gigantesques mains, creusant de grands sillons dans l'eau.

Le SEFA avait dû crier fort dans son cauchemar, car lorsqu'il se réveilla complètement, sa secrétaire frappait déjà avec insistance à la porte située entre les deux bureaux. Il se rendit compte qu'il avait posé sa face sur l'agenda au moment où il s'était assoupi. Sa collaboratrice entra. Elle se tint devant lui et le regarda avec hébétude. Aussi, lui demanda-t-elle si tout allait bien.

— C'est pas des questions à me poser ça, répondit vivement le SEFA en s'éclaircissant la voix.

— Euh… j'ai cru… entendre un…

— Vous n'avez rien entendu du tout. Appelez-moi donc mon secrétaire particulier et le responsable de la sécurité. Je pense qu'il faut qu'on renforce notre sécurité à tous, n'est-ce pas madame ?

— Oui, monsieur le secrétaire d'État.

Le SEFA mit fin à l'échange et bâilla en se passant les mains sur le visage. La petite sieste, même s'il ne l'avait pas prévue, lui avait fait du bien au final, le cauchemar en moins. «J'aurai la peau de ces gorilles» soliloqua le SEFA en prenant son stylo pour noter des idées qui lui arrivaient en abondance. «J'aurai leur peau ! «

Mais deux semaines plus tard, les travaux de sa résidence n'avaient pas repris au village. Plus encore, un communiqué de presse de l'Observatoire national des gorilles (ONG) portait en lui les prémisses de lendemains tumultueux.

Dès le lendemain, les collaborateurs du SEFA assiégèrent les studios des radios et des plateaux télé ; leurs articles envahirent les colonnes des journaux et leurs posts enflammèrent les fils d'actualités des réseaux sociaux. Ils posaient une question simple pour les différentes audiences : « Pourquoi une affaire relevant du domaine privé envahissait ainsi le débat public ? Les faits étaient rationnels : quelques gorilles avaient envahi le domicile du SEFA et y demeuraient malgré toutes les tentatives pour les déloger ».

Le SEFA trouva que ses collaborateurs s'en sortirent plutôt bien dans les divers médias. Mais il se demanda comment l'Observatoire avait été mis au courant du fait qu'il ait dit certaines paroles. Les avait-il répétées de façon inconsciente à une occasion autre que celle où il s'était parlé à lui-même dans son bureau du sécréterait d'État ? Est-ce que ces gens lisaient à présent dans les pensées des autres ? Il se posa mille autres questions, pinçant son menton du pouce et de l'index pour tirer une barbe imaginaire, tapotant frénétiquement son pouce sur les lèvres, brossant à rebrousse-poil ses sourcils épais. Dans l'immédiat, il décida de ne plus présider de réunions dans son bureau et se sépara de sa secrétaire. Ce même jour, le quotidien du soir titrait à sa une «Le secrétaire d'État change à nouveau sa secrétaire».

Dans le tourbillon des événements, le SEFA eut un motif de satisfaction. Sa hiérarchie lui ayant encore octroyé des moyens de protection supplémentaires. Lorsqu'il se rendait dans son village à présent, il y avait deux hélicoptères pour l'accompagner de manière à ce qu'on ne sache pas dans lequel il se trouvait. De plus, les gardes autour de lui étaient désormais si nombreux qu'ils se marchaient dessus comme des chenilles sur un vieux tronc de raphia. C'est fort de ces ressources que le SEFA entreprit de se rapprocher davantage de son chantier.

Le matin de la visite de chantier, les gardes forestiers s'étaient joints aux gardes du corps pour renforcer le dispositif sécuritaire autour du SEFA. Dès l'aube, et avec des tenues de camouflage, ils se placèrent à plusieurs endroits stratégiques du village et dans le bois autour du chantier. Des hélicoptères avaient tournoyé dans le ciel depuis l'aube comme ces abeilles dont on pense apercevoir la dernière s'éloigner avant que l'essaim entier n'arrive. Quand le SEFA arriva enfin et qu'on le conduisit à la tente dressée pour cette visite du chantier à distance, le

SP lui donna aussitôt un casque puis lui tendit des longues-vues pour qu'il fût capable d'examiner d'aussi près que possible son chantier, situé à une centaine de mètres.

Alors que le SEFA regardait à travers les jumelles, le SP fit signe à l'entrepreneur de s'approcher. Il vint se placer à côté du SEFA et resta là à attendre pendant que le maître d'ouvrage tournait la tête dans tous les sens avec les jumelles.

— Comment allez-vous monsieur l'entrepreneur? demanda enfin le SEFA en tendant sa main.

— Bien excellence, nous sommes prêts pour reprendre les travaux dès que le chantier sera accessible. Avec les architectes et les ingénieurs, nous avons déjà modifié les plans conformément à vos dernières instructions.

— Très bien! Je veux des poutres géantes.

— Ça marche, les ingénieurs ont confirmé les calculs, ce seront d'énormes poutres avec de la paille en trompe l'œil pour que l'ensemble puisse bien se fondre dans le décor environnant. Quant à votre propre statue en plâtre qui sera à l'entrée, l'ingénieur en chef pense qu'on va en doubler le volume et la hauteur. On vous représentera avec votre veste à carreaux.

Le SEFA trouva l'idée géniale et demanda à voir l'ingénieur en chef et, sans autre forme de procès, il palpa une des poches de sa veste, sortit une liasse d'argent qu'il se mit à jeter au visage de l'ingénieux bâtisseur. Les billets de banque tombaient et retombaient sur le sol pour s'assembler en un monticule douillet. Sur quoi un collaborateur chuchota bien fort «Le grand SEFA farote le franc CFA». Et tout le monde applaudit de façon énergique. Il y avait longtemps en effet que le SEFA commettait un vrai crime : celui d'échapper à sa condition, de repousser sans cesse ces gestes associés à son rang et qui, allant de pair avec la fonction exercée, constituaient la preuve d'une compréhension intelligente d'un environnement complexe.

Ce fut pourtant à ce moment même que se produisit un événement en apparence anodin, mais qui allait marquer la vie du SEFA, du village, et d'une certaine manière celle du pays.

Pour commencer, le SEFA avait levé ses mains vers l'entrepreneur avant de se tourner vers le chef de la sécurité. «Chuuut» fit-il : «Ecoutez, c'est quoi ce cri que j'entends-là ?»

Le calme se fit dans la tente servant à la visite légèrement délocalisée du chantier.

— C'est… c'est alors ça qu'on vous expliquait justement, dit le chef de la sécurité. Ce sont les bruits des gorilles qui occupent la résidence en chantier.

— Chez moi ? demanda le SEFA.

— Oui, là c'est le mâle dominant, avec ce cri, il veut…

— Mais taisez-vous donc! C'est moi le mâle dominant dans ce village, dans tout le groupement, dans la région et même… Demandez donc à mes ennemis, où ils sont actuellement ? Vous, répondez, où est le type qui a cette maison en face ?

— Euh… il est en prison monsieur, dit le chef de la sécurité.

— Voilà, et l'ancienne maire qui a commencé une gigantesque bananeraie plus bas…? Vous, répondez à votre tour (s'adressant au SP).

— Hum… elle a fui… monsieur.

— Voilà, vous pouvez être sûr qu'elle ne reviendra pas de sitôt… Quant à celui qui a osé m'affronter publiquement, chacun d'entre vous connaît la suite. Et encore ça c'est quand j'étais SEFO ; maintenant comme SEFA vous verrez bientôt ce qui va arriver.

Le SEFA s'arrêta, comme pour prendre son souffle et :

— Si je me suis débarrassé de ces imposteurs et de bien d'autres, ce ne sont pas de laids petits gorilles qui vont me dépasser. Vrai : je suis l'unique mâle par qui tout bien existe ici dans mon fief ! Pas d'équivoque là-dessus. Et maintenant, réglez-moi définitivement cette histoire de gorilles. La prochaine fois que je viens ici, j'entrerai dans toutes les pièces de ma résidence, y compris dans les différentes caves !

Ensuite le SEFA se dirigea vers sa voiture en toute hâte. Il marcha sans même se soucier qu'on lui montre où poser son pied afin qu'il ne cogne un caillou. Avec son allure il faillit atteindre son véhicule pour l'ouvrir lui-même et le SP le rattrapa de justesse à bout de souffle pour lui ouvrir la portière.

Après les événements du village — c'est ainsi que l'on avait appelé toutes les actions menées pour déloger les gorilles de la résidence en construction du SEFA —, l'Observatoire affirma que le membre du Gouvernement s'était rendu coupable de crimes graves contre des animaux. L'ONG insista sur le fait que des proches de l'officiel — ses propres gorilles par exemple —, étaient impliqués dans les événements. Le porte-parole du SEFA, quant à lui rejeta la version de l'Observatoire, et, se basant sur les enquêtes d'autres observateurs, affirma qu'il n'y avait eu que quelques dégâts minimes au village comme des évanouissements chez les gorilles et des sécrétions lacrymales chez les gardes forestiers du fait de l'usage des gaz lacrymogènes. Il attribua cette escalade à quelques gorilles dévoyés qui s'étaient déjà attaqués aux hommes et femmes du village en détruisant leurs récoltes. Maintenant que tout était rentré dans l'ordre, les primates avaient regagné leur habitat primaire. Et les gorilles n'avaient pas vocation à squatter les habitations de paisibles citoyens. En tout état de cause, avait conclu le porte-parole, si les gorilles avaient la peau dure, le SEFA avait le cuir épais.

Alors l'ONG annonça la tenue de l'assemblée générale des Observatoires du monde entier pour évoquer les derniers développements des événements. Afin de protéger les gorilles menacés de disparition totale, l'organisation faisait déjà la proposition de transformer le coin en une zone protégée éco touristique dont la résidence du SEFA, une fois achevée, servirait de vaste centre documentaire ultra moderne. Des poursuites judiciaires suivraient pour le SEFA lui-même et toutes les personnes impliquées dans les événements récents du village.

Or, s'il y avait un souvenir que le prof d'université avait gardé de ses jeux d'écolier dans les cours de récréation, c'était qu'en matière de course-poursuite, à défaut de vélocité, il fallait prendre un peu d'avance pour semer ses poursuivants. Un matin à l'aube, il prit lui-même le volant d'une voiture banalisée qu'il avait demandée à un proche de garer chez lui quelques jours plus tôt.

Après avoir rappelé à sa femme la conduite à tenir, il avait enfilé un ensemble pour jogging et un chapeau avec une longue visière qui allait cacher une partie de son visage. À cinq heures précises, alors que stridulaient encore quelques grillons, qu'au loin une bonne partie de la ville était plongée dans le noir, sans éclipse de lumière depuis des jours suite à une coupure d'électricité, Le SEFA se fit ouvrir le portail en disant qu'il allait au sport. Il souhaitait commencer tôt ce jour-là et sans gardes. Il parlementa un moment avec les responsables des équipes de vigiles et autres agents affectés à sa sécurité pour les convaincre de le laisser sortir seul, rassurant tout le monde qu'il ne prendrait pas de risques démesurés et qu'il serait de retour au lever du jour.

Au moment de gagner la route et de rouler sur l'asphalte froid, le SEFA sentait ses paupières lourdes, mais il ne somnolait pas vraiment malgré la rugueuse nuit. L'urgence dans l'immédiat était de partir loin, hors de la ville, ailleurs qu'au village et de sa résidence, au-delà des frontières du pays. Quand il laissa la partie de la ville éclairée, il flotta autour de lui un voile dont on aurait dit qu'il estompait les formes, diluait les contours et dégradait les rares couleurs discernables à l'aide des phares. Les maisons obscures, les rares voitures zigzagant avec un chauffeur ivre rentrant de libations nocturnes, le gamin seul marchant au bord de la route en humant déjà sa boîte de colle sous le froid, la vendeuse de beignets du carrefour avec ses larges bassines d'huile et de pâte de farine blanche qui donnerait le goût exquis des beignets de la matinée, tout cela paraissait étranger au fugitif. Rouler. Échapper à l'emballement des derniers jours. Qui sait, il reviendrait peut-être dans un futur Gouvernement du Premier secrétaire d'État, pourquoi pas à l'Éducation, tiens, il avait déjà deux ou trois idées à inclure dans sa feuille de route, dans deux, cinq ou même dix ans, après l'agitation, lorsque seront passés ces temps troubles. Et puis, c'est vraiment par l'éducation, à la base, qu'il sera possible de faire avancer les choses dans le bon sens. Au moment d'accélérer, le SEFA jeta instinctivement un coup d'œil sur son rétroviseur et eut l'impression de voir s'étaler à l'infini sur la route derrière lui des rideaux pourpres et flottants battus par des vents houleux.

L'IMPÔT SUR LES COBAYES

Si on avait dit à Abessolo qu'une simple visite du contrôleur des impôts lui causerait un tas d'embrouilles, il ne l'aurait pas cru. C'était un mercredi matin comme il en avait connu d'autres au village. Le contrôleur était arrivé sur sa moto et avait trouvé Abessolo en train de nettoyer la cage des cobayes. Le jeune éleveur faisait des va-et-vient entre la cage et le caniveau à ordures derrière sa maison. Il y jetait la paille souillée d'aliments et de déjections animales qu'il rassemblait avec un chasse-mouche et un morceau de tôle ondulée au départ, mais bien aplatie à présent. Au son du bruit de la moto, Abessolo avait spontanément tourné la tête vers l'entrée du village pour voir qui arrivait et, ayant aperçu un inconnu, il s'était dressé pour repérer dans quel coin du village se rendait l'étranger. Comme la moto avançait vers lui, il se retrouva finalement face à elle.

La moto s'arrêta à deux pas d'Abessolo et son conducteur en descendit, lui dit bonjour et se présenta comme contrôleur des impôts. Il souhaitait avoir une petite discussion de quelques minutes avec le jeune éleveur. «Bienvenue!» dit Abessolo sans tendre la main du fait qu'elle était occupée par le chasse-mouche et la tôle. Abessolo occupa les minutes suivantes à installer son invité surprise. Il entra dans son salon en ressortit avec une table en bois, puis deux chaises pliables. Le contrôleur s'assit, prit des documents dans sa serviette en cuir et les posa sur la table. Abessolo entra dans la cuisine où il prenait des cobayes pour les mettre sur une paille propre préalablement étalée dans la cage qu'il venait de nettoyer. En fin de journée l'éleveur ramènerait le bétail à la cuisine. Il mit des sissongo en guise de nourriture dans la loge des cobayes et posa ci et là des assiettes d'eau et quelques boîtes métalliques pouvant leur servir d'abris. À la fin, il se lava les mains et vint s'installer en tête à tête avec le contrôleur, le dos tourné à la cage des petits mammifères et face à une rangée de maisons. Le contrôleur avait dans son champ de vision la cage aux cobayes et des champs de cacao, avec un grand cocotier à la lisière de la véranda. Il regarda son hôte.

— J'effectue actuellement une mission de contrôle fiscal dans la région. Il s'agit d'une simple vérification de certains éléments.

À ces paroles Abessolo s'excusa auprès de son interlocuteur et rentra dans son salon où il en ressortit avec une chemise contenant des documents qu'il tendit au contrôleur en se rasseyant.

— Nous venons de démarrer notre coopérative agricole par l'élevage de cobayes que vous voyez là, dit Abessolo en se tournant pour montrer du doigt le bétail. Avec les autres membres, nous allons agrandir nos activités et pour le moment, il n'y a pas d'impôts à payer.

— Et pourquoi ? demanda le contrôleur en retirant ses lunettes pour les poser sur la table.

— Nous avons suivi une formation à l'Atelier du Paysan et je sais que nous avons une exonération de l'impôt sur les sociétés. Actuellement, je vis uniquement de la vente de produits de mon élevage. Voilà ce qu'on m'apprit lors de ma dernière formation à l'atelier.

— Pourtant vous allez parfois vendre vos cochons d'Inde, bien loin du village le dimanche à la sortie de l'église, rétorqua le contrôleur, après avoir jeté un coup d'œil aux documents d'Abessolo. Il s'agit là d'une vente effectuée dans un lieu distinct de votre établissement principal. Or le siège de votre coopérative est ici dans ce village.

— Euh… mais...

— Il n'y pas de mais qui tienne, l'exonération n'est plus valable si vous sortez du cadre réglementaire, et quand en plus vous réalisez d'énormes bénéfices agricoles comme c'est votre cas. À ce moment-là vous entrez de plein droit dans le champ d'application de l'impôt sur les sociétés. Vous savez, avant de venir, on se renseigne sur vous, vos activités et tout le reste.

— Vous travaillez pour la police alors ?

— Non, mais pour suivre ceux qui veulent se soustraire à leurs obligations, on doit être capable de les pister partout. Parfois un contribuable croit qu'on l'a oublié alors qu'on observe bien ses magouilles. Donc, on peut faire appel à la police ou à la justice aussi, hein !

Le contrôleur referma la chemise cartonnée d'Abessolo et la poussa sur la table. Il regarda un moment devant lui en direction des cobayes. Ils se déplaçaient à l'intérieur de la large cage, sur le tapis de paille avec des crissements légers, remuaient un nez rose et quelques-uns portaient de longues moustaches blanches comme du fil à coudre. Ils se mettaient autour des feuilles de sissongo, en détachaient des morceaux et les mastiquaient, et ils buvaient de l'eau dans l'une ou l'autre des assiettes.

— Comme ça vous vous livrez à des expériences sur les contribuables ? demanda Abessolo. Ce sont des cobayes pour vous quoi ?

— Non, quelles expériences ? Il y a juste que certaines personnes ne veulent pas participer à l'effort collectif. Pourtant il faut des hôpitaux, des routes…

— Laissez l'affaire des routes-là d'abord, vous avez vu la nôtre-là, et surtout le pont qui pourrait s'effondrer s'il y a de fortes pluies ?

— C'est pour cela que chacun doit payer, maintenant si vous le souhaitez, je vais vous expliquer dans le détail tous les éléments constitutifs des bénéfices agricoles…

Abessolo hocha la tête.

Or comme le contrôleur parlait, un camion débarqua au village en klaxonnant fort, de manière à se faire entendre de ses habitants. Alors le contrôleur se tourna vers sa droite, en direction de l'entrée du village, et Abessolo fit de même, en pivotant lui vers sa gauche pour voir le véhicule. Bien qu'encore invisible, une inscription barrait le pare-chocs du camion, juste au-dessus de l'immatriculation. Des femmes et des enfants en bas âge sortaient des maisons, chargés de marchandises qu'ils continuaient à déposer sur la véranda où se trouvaient déjà des sacs remplis de vivres pour le marché : macabo, manioc ou bâtons de manioc enroulés dans des paniers d'osier ou des sacs de raphia et de jute. Entrelacés à même le sol, des régimes de plantain et de banane côtoyaient des ignames contenues dans des cuves géantes. Le camion, dont l'inscription à l'avant («En mangeant la patte du gorille, regarde aussi ta propre main!») devenait plus lisible s'arrêtait devant chaque véranda après un ultime klaxon qui amenait la maitresse des lieux à confirmer sa présence, sa décision de mettre sa marchandise dans le véhicule et de se rendre au marché. Des sacs remplissaient déjà l'arrière du camion et s'élevaient vers le ciel en une montagne cabossée de légumes verts, de ballots de tubercules et autres charges. Chaque démarrage du camion secouait cet amoncellement avec des hoquets brefs et obstinés qui menaçaient de réduire à néant cet édifice instable. Sur le pas des maisons se déroulait un marchandage bref, animé, quoiqu'artificiel, formalité pour un marché dont on avait juste besoin de se rassurer que l'autre partie prenante gardait une compréhension intelligente de l'accord. Invariablement les motorboys et leurs clientes parvenaient à un agrément. Costauds, couverts de poussière, avec des mains rugueuses et un vêtement autour de la tête, les deux apprentis accompagnant le chauffeur soupesaient brièvement les sacs et aussitôt, dans une parfaite synchronisation, se relayaient pour hisser le nouveau bagage sur le camion avec une volonté, une flamboyante adresse, une agilité de gymnastes. Et le camion repartait sur la longue bande de terrain plat et poussiéreux. En passant près d'Abessolo et du contrôleur, le chauffeur et les motorboys leur firent des signes de la main auxquels ils répondirent sans mot dire. Tout au fond, devant la dernière maison, à l'angle de la piste cacaoyère, le camion tourna en imprimant de larges empreintes bosselées sur le sol. C'est alors que les motorboys arrangèrent à nouveau les bagages, ils tendirent les cordes de caoutchouc, attachèrent les paquets, serrèrent l'ensemble, harnachèrent. Et la bâche couvrant les vivres contre les intempéries ressemblait à un énorme drapeau de toile vert vif tendu par deux soldats victorieux. Rejoignaient le chauffeur à l'avant de la voiture, les apprentis se serrèrent dans la cabine. Le camion hoqueta une dernière fois puis cracha une fumée noire dans l'atmosphère et s'ébranla avec son attelage en direction de la ville. Le barrage de fumée noire obstrua l'air un moment, s'immisça dans le vent avec une odeur fétide et suffocante tandis que le bruit du moteur s'amenuisait après la fureur du départ. Les femmes du village n'avaient plus qu'à s'apprêter et à attendre, plus légères, le car de transport qui les conduirait au marché en ville.

Abessolo et le contrôleur avaient suivi l'arrivée du camion et tous les autres faits s'étaient déroulés sous leurs yeux. Ils avaient continué à discuter, interrompant de temps en temps leur échange pour suivre un détail autour d'eux, et avec un certain amusement ils constatèrent qu'ils avaient éternué ensemble à l'odeur âcre de la fumée. Ils avaient même ri à l'unisson en lisant l'inscription sur le pare-chocs arrière du camion «Regarde très bien ta main quand tu manges la patte du gorille»

— La terre est fertile ici, la nature généreuse et la nourriture abondante, avait dit le contrôleur.

— Les gens sont dynamiques! avait répondu Abessolo.

—J'espère que tout le monde paie convenablement l'impôt, selon la catégorie, les gains et tous les autres critères. Parce que le moment venu, je reviendrai m'occuper personnellement de tout cela. Encore une fois, nous avons les moyens de suivre tout le monde ici et partout.

— Bah, ces femmes-là, elles payent bien leurs taxes, chaque fois qu'elles vont au marché il y a quelqu'un qui vient leur tendre un bout de papier avec un numéro contre des espèces sonnantes.

— Ça, c'est juste une somme bien modique prélevée par la mairie qui doit assurer l'entretien du marché.

Un vent frisquet balaya le village, les branches d'arbres swinguèrent, le cocotier oscilla en ses palmes. Sur le sol tomba un coco. Alors, un petit garçon qui avait sans doute reconnu ce bruit caractéristique, sortit avec un tempo parfait d'une maison et se dirigea tout droit sous le cocotier. Il ramassa le fruit et rentra dans la maison à la même vitesse avec laquelle il était sorti. En l'espace de quelques secondes, on aurait dit que rien ne s'était passé, que le vent n'avait pas soufflé, qu'un coco mûr n'était pas tombé, qu'un garçonnet n'avait pas couru à vive allure dans un sens, puis dans l'autre après juste un petit arrêt de cinq secondes. Et le vent même, tout à l'heure fougueux, avait capitulé.

Sauf qu'au moment où le fruit était tombé, le contrôleur avait suivi de près la séquence, assis qu'il était bien en face du cocotier. À la fin, il avait fixé la cage des cobayes, et, après avoir passé la paume de sa main plusieurs fois sur son visage, il porta ses lunettes qui corrigeaient sa myopie, mais pas sa vision du monde. Il se leva soudain, sans détourner son regard de la cage, comme attirée par une force magnétique. L'œil allumé, furieux comme un forcené, il fonça vers la cage.

— Mais… Mais… qu'est-ce que je vois là ? fulmina le contrôleur.

— Que se passe-t-il donc ? demanda Abessolo à sa suite.

— Venez voir, venez voir par vous-même, cria le contrôleur, s'adressant moins à Abessolo qu'aux habitants du village et notamment aux dames qui s'activaient sur les vérandas en s'apprêtant à aller au marché. L'homme était aussi exalté qu'un gourou en prêche.

D'un geste sec, il ouvrit la porte de la cage, saisit un cobaye et le tira par les pattes arrière. Il y eut des sifflements et de la panique dans la cage, les autres cobayes courant dans tous les sens à la recherche d'un endroit où se cacher.

— Crache notre argent, dit le contrôleur. Crache l'argent que nous cherchons dur ici dehors pour le pays, pour le construire, crache-le je te dis ! Il tenait fermement le cobaye, la main enfermée sur les pattes, et l'animal pendait à sa main, la tête vers le bas.

Alors les personnes présentes au village, alertées par l'agitation du visiteur se mirent à converger vers la cage aux cobayes, éblouies comme des papillons par une ampoule et véloces comme des marathoniens au départ d'une épreuve capitale. Le contrôleur leur donnait sa version des faits, expliquait des points ou explicitait des détails. Oui, ce fut bien en suivant des yeux l'enfant qui était venu ramasser la noix de coco qu'il avait regardé tout à côté du cocotier et vu de manière miraculeuse dans la cage (et comme Dieu sait faire ses choses) comment l'un des cobayes était en train d'avaler un billet de dix mille de nos CFA. Il avait d'abord cru à un mirage, s'était gratté les yeux, puis avait porté ses lunettes avant de se rapprocher de l'enclos. Et là, oh suprême stupeur, il était tombé nez à nez avec le rongeur ayant presque englouti le gros billet ! Un tout petit bout était encore à l'extérieur au moment où il avait ouvert la cage. « J'ai soulevé la bête et… j'ai essayé de tirer le côté restant du billet… » disait-il encore tout ému par l'incident. « Malheureusement je n'ai pas pu faire grand-chose. »

— Eukieu ! Qu'est-ce que mes oreilles entendent là ? dit une des femmes en ajustant son pagne qui s'était défait pendant le sprint final vers l'élevage de cobayes. Elle élargit un côté du pagne gardant l'autre collé à la hanche, puis rabattit la partie ouverte et fit un nœud solide.

Abessolo avait d'abord eu un rire rauque, sorte de son barbare émis comme malgré lui, mais dont la résonance spectrale devait s'émietter en écho sur les toits de toutes les maisons du village. Après son ahurissement, il avait réussi à articuler :

— Et d'abord, ce sont des histoires. Vous racontez des foutaises, je n'ai pas vu de billet de banque moi…

— Vous n'avez pas vu et puis quoi ? Moi j'ai bien vu le cobaye avec mes propres yeux et j'ai ajouté les lunettes pour être sûr de ne pas me tromper. J'ai même voulu sauver le billet en prenant le risque de mettre mon doigt dans les mandibules de la dégoutante bête.

Ces paroles saisirent Abessolo à la gorge et il sentit ses tempes battre plus fort par petits coups rapides.

— Rien n'est vrai dans ce vous dites, rien, vous entendez ?

— Vous ne voulez pas payer les impôts, mais vos cobayes rongent des billets de banque. Et quels billets ! Je vais rendre compte de ma mission à la hiérarchie, vous ne perdez rien à attendre.

Ensuite le contrôleur consacra un moment à rassembler tous les éléments de preuve comme il le précisa lui-même. Il sortit son téléphone portable de la serviette en cuir sur la table, avança vers la cage aux cobayes et prit des photos avec son Smartphone, sous les regards apeurés des bêtes et ceux médusés des hommes.

— J'attendrai, dit Abessolo avec des frissonnements dans la voix, je n'ai pas peur. Tout ceci c'est n'importe quoi. Et il sortait sa langue et se léchait les lèvres dans tous les sens avec des yeux globuleux qui bougeaient de tout côté comme de petits astres instables autour de leur orbite.

Le contrôleur prit ses affaires sur la table, monta sur sa moto sans s'arrêter de parler ni de faire des gestes en direction d'Abessolo. Il démarra, roula sur la vaste cour et se dirigea vers la piste de sortie en soulevant de la poussière. Il esquiva le car qui arrivait pour transporter les femmes au marché. Le car klaxonna avec vigueur et les dames rentrèrent dans les maisons pour prendre un dernier bagage, un sac à main ou récupérer un nourrisson en train de dormir. Quant aux hommes qui étaient là à cette heure avancée de la matinée, ils trouvèrent là, pour certains, une occupation, et se livrèrent à des joutes oratoires comme s'ils argumentaient dans un prétoire. Abessolo avait déjà rassemblé ses documents sur la table et était entré dans son salon pour les ranger.

*

**

Comme Abessolo avait reçu en main propre une convocation du commissariat le jeudi pour une affaire le concernant, il s'y était rendu le lendemain pour une audition. Après s'être informé à l'entrée du commissariat, il avait longé le couloir aux murs couleur brique avec des portes bleues, puis il avait attendu un moment dans une grande salle sécurisée par des barres aux fenêtres. Et sur le sol étaient de petits carreaux blancs et noirs. Un instant il avait regardé le sol, délimitant mentalement les contours d'un jeu de dames. Quand on était venu le chercher, il était finalement entré dans un bureau avec deux tables de travail dont une seule était occupée. L'inspecteur de police avait vérifié la convocation et avait invité Abessolo à s'asseoir.

— Ah oui, monsieur Abessolo, c'est vous! dit l'inspecteur.

Et là l'inspecteur informa Abessolo que l'administration fiscale avait porté plainte contre lui et qu'il était chargé de mener l'enquête.

— Je n'ai rien à me reprocher, répondit Abessolo en ajustant son siège. Et d'ailleurs pourquoi ce ne sont pas les gens des impôts qui m'ont convoqué puisque c'est avec eux qu'il y'a eu l'incident.

L'enquêteur poussa devant lui la machine à taper sur laquelle il s'apprêtait à rédiger le procès-verbal. En s'adossant à son siège et en mettant ses deux bras derrière la tête, il dit :

— Le fisc vous aurait convoqué s'il s'agissait seulement d'un point précis à éclaircir dans votre déclaration, alors que là on vous accuse d'un délit que seule l'enquête et peut-être la suite permettront d'éclaircir.

— Oui… mais… quel… quel délit?

— Calmez-vous donc, nous avons le temps.

Sur la table de l'inspecteur se trouvaient des chemises cartonnées de différentes couleurs empilées les unes sur les autres et des papiers dactylographiés étaient posés à plusieurs endroits avec des annotations.

L'enquêteur posa aussitôt à Abessolo des questions sur son état civil et notamment sur son célibat alors qu'il y avait plein de jolies jeunes filles dans les villages alentour. Un jeune homme seul dans un village ! «Hum…» fit l'inspecteur pour marquer sa méfiance.

Abessolo haussa les épaules et répondit qu'il ne voyait vraiment pas le lien avec ce qu'on était censé lui reprocher.

— Ce n'est pas à vous de voir le lien ou pas avec l'interrogatoire. Vous êtes là pour répondre aux questions qui me permettront de prendre la décision de vous garder ici ou de vous relaxer.

À quoi il ajouta que c'était vraiment bizarre qu'un célibataire élève seul des cobayes. Et pourquoi seulement des cobayes, dis donc ! Comme par hasard ces petits rongeurs avaient bizarrement à eux seuls d'autres noms : cochons d'Inde et porcs de Guinée ! «Rehum…!» fit l'inspecteur, cette fois en pointant son index vers Abessolo, comme une mise en garde. Avec toutes les bizarreries qu'il y avait maintenant au pays, est-ce que Abessolo ne se livrait pas à des expériences d'un autre genre avec ces cobayes, tout seul dans sa maison ? Il espérait vraiment que l'enquête allait permettre d'élucider tous ces mystères. Abondèrent alors d'autres questions qui arrivèrent à la file. On aurait dit des feuilles de papier sortant de manière infernale d'une photocopieuse sans jamais savoir quelle serait la dernière. À quelle université avait été Abessolo, pourquoi, avec tous les diplômes qu'il possédait, n'avait-il pas réussi à un concours de la Fonction publique, est-ce qu'il pensait rester de façon indéfinie dans son état civil actuel et comment il s'en sortait de façon pratique, et puis sérieusement est-ce que l'élevage des cobayes était rentable dans notre pays, enfin comment étaient ses relations avec les gens du village, et de façon précise encore comment il jugeait le travail et la personnalité du chef de village…

L'enquêteur mit du soin à noter les réponses d'Abessolo. Il le relançait, alignait des éventualités, formulait des conclusions dont il demandait la confirmation ou, dans le cas contraire, il proposait des alternatives. Et il notait tout cela avec application dans le procès-verbal.

Il réfléchit un moment.

— Où vivent ces rongeurs ?

— À la cuisine, dit Abessolo, ils passent la nuit à la cuisine et je les sors le matin.

— Et voilà, vous avez même une cuisine et au lieu d'y mettre quelqu'un, vous choisissez d'y vivre vous-même.

Il se leva, se gratta le menton. Et d'une voix alerte :

— Racontez-moi maintenant comment vous nourrissez vos cobayes avec des billets de banque !

— Comment ? demanda Abessolo

— C'était drôle quand personne ne vous voyait, hein ? Ça devait vraiment être amusant. Mais voilà que le contrôleur des impôts a vu cela de ses propres yeux. Dites-moi comment au lieu de donner le sissongo qu'on trouve partout au village, vous, vous préférez donner le dur argent que nous travaillons à ces bêtes pour qu'elles s'engraissent avec.

— Je ne vois vraiment pas de quoi vous parlez. Toute cette histoire depuis trois jours est ridicule.

L'enquêteur tira deux chemises cartonnées posées sur son bureau et les ouvrit l'une après l'autre. De la première, il retira une photo qu'il tendit au visage d'Abessolo.

— Et qu'est-ce que c'est que ça alors ?

Abessolo reconnut l'un de ses cobayes sur une photo développée au format papier A4. Il secoua vigoureusement la tête. L'enquêteur s'assit à nouveau.

— Eh bien moi je vais vous dire : voici les photos que le contrôleur a prises et qu'il nous a remises comme preuve lorsqu'il déposait sa plainte. Il nous a raconté comment il avait dû prendre ces photos malgré votre opposition et la réaction hostile de certaines personnes au village. Il a vraiment été brave parce qu'en tirant le cobaye de la cage, celui-ci lui a mordu le doigt. Il en porte encore les séquelles à l'heure où je vous parle. Je peux vous lire aussi cette copie du certificat médical légalisé où le médecin confirme *une morsure de petit mammifère, vraisemblablement un cavia porcellus de la famille des caviidae.* Et à l'heure actuelle le pauvre fonctionnaire suit un traitement antirabique, car il faut dire que ce foutu animal avait vraiment la rage d'en finir avec son doigt ! À mon avis on devrait mettre toutes ces bêtes en quarantaine.

— Je nourris mes cobayes avec les sissongos et d'autres herbes du village et parfois des restes de nourriture. Ils boivent l'eau de la rivière. Je suis les conseils que je lis dans *l'Atelier du Paysan* et avec les autres membres du GIC[4] nous suivons régulièrement des formations. En fait d'ici quelques mois, nous aurons...

— Ce n'est pas important tout ça. D'où venait le billet de banque ? Je pense que vous ne mesurez pas encore toute la gravité de cette affaire. On parle quand même d'altération de monnaie papier et le nouveau code de procédure pénal est très sévère là-dessus. Et puis vous savez, lorsque des billets de banque sont ainsi détruits il faut que des gens aillent demander des visas et qu'ils prennent l'avion ensuite pour rapporter d'autres billets. Tout cela coûte cher au pays.

— Il n'y a jamais eu de billet de banque dans la cage.

— Monsieur Abessolo, je vous préviens : nous perdons beaucoup de temps, voyez-vous ! Si au bout de quatre heures, je n'ai pas assez d'éléments qui plaident en votre faveur, alors je serai bien obligé de vous retenir pendant 12 heures.

Abessolo pensa que les événements commençaient à prendre une tournure qu'il n'avait pas prévue. Il

---

4. Groupement d'intérêt communautaire.

suffisait de peu de choses pour perturber les cobayes bien fragiles qu'il avait laissés dans leur cage, à l'extérieur donc. Et s'il lui arrivait de rentrer très tard ? Il chassa cette idée et dit :

— Je trouve que vous m'avez convoqué assez rapidement. C'est allé un peu trop vite, sans que je ne sache pourquoi je venais !

— Vous êtes même comment ? Lorsque les affaires traînent, vous dites qu'on ne travaille pas assez et lorsqu'on va vite, vous vous plaignez aussi. En tout cas, ici on ne traîne plus depuis l'arrivée du nouveau chef. Vous verrez que si vous allez au bureau à côté, vous allez trouver des cartes d'identité qui sont prêtes depuis des mois, si ce n'est plus. Et leurs propriétaires ne viennent pas les réclamer. Moi je demande comment ils vivent au quotidien, surtout par les temps qui courent. Mais écoutez-les vous parler au quartier des lenteurs administratives et vous expliquer comment les choses n'avancent pas. Ah... vraiment !

Il y eut un morne silence dans la pièce et là-dessus l'enquêteur suspendit l'interrogatoire.

Quand les deux hommes se firent à nouveau face des heures plus tard, l'inspecteur passa encore un long moment à vouloir clarifier des points précis, car il pensait que certains propos d'Abessolo restaient flous. À un moment, il dit que leur entretien tirait possiblement vers la fin, mais tout de même :

— Comment expliquer que vous n'allez jamais aux réunions convoquées par le chef de votre village ?

demanda l'inspecteur. Personne ne sait ce que vous faites ni quelles sont réellement vos opinions. Vous restez comme ça avec quelques personnes qui vous ressemblent et se comportent exactement comme vous. Et puis, il semble que vous vous camouflez dans le fameux GIC pour vous mettre en marge de la tradition. Vous savez, monsieur Abessolo, vous êtes un peu trop solitaire, et ce n'est pas le moindre de vos problèmes.

— Bah, j'essaie de m'occuper au mieux, mes parents n'étant plus là. Rien de plus. Voilà pourquoi je suis rentré au village quand j'ai vu que je n'avais aucune opportunité en ville après mes études et une longue période de chômage.

— Ouais, mais quand on a demandé aux gens de rentrer au village pour travailler la terre, ce n'était pas pour y semer la zizanie ou commettre des délits à la pelle.

Il ajouta que dans les faits, il serait difficile à Abessolo d'échapper à l'oiseau de proie qu'était actuellement la justice du pays, bien dressé pour chasser, attraper, serrer dans ses griffes d'airain et lacérer les bandits de tout acabit. Il allait devoir rendre gorge à moins que ses cobayes ne vomissent tous les billets de banque avalés. Oui, il concédait qu'on ne soit pas d'accord avec les montants à payer, les échéances et tout le reste, mais ce n'était pas la peine de s'amuser avec l'argent du trésor public. L'impôt, c'était la tontine qui permettait à l'État de prendre un peu chez chacun pour réaliser des choses pour tous, surtout en ces moments apocalyptiques où chacun tenait à s'accaparer de tout comme un bœuf s'empiffrant puis s'étouffant de foin. Avant de ruminer longuement et douloureusement.

— Et ce que vous ne savez sûrement pas, continua l'inspecteur, c'est que nous menons discrètement notre enquête et nous avons recueilli en deux jours de nombreux témoignages des gens du village pour avoir d'autres versions des faits.

— Et puis quoi? demanda Abessolo en essayant de masquer son trouble. Au village, de nombreuses personnes ne sont pas toujours du même avis que moi.

Le policier se leva, fit quelques pas et revint s'assoir lourdement sur le siège en faisant hurler les ressorts. Il dit :

— Il se trouve donc que nous avons des témoignages plutôt troublants.

Il développa en affirmant qu'une dame du village avait avoué qu'elle perdait régulièrement de l'argent de façon inexplicable. Les différentes recherches ne donnaient rien. Qui donc se délectait du fruit de son petit commerce et affamait ainsi sa maisonnée? Avant les développements de ces derniers jours, elle avait désespéré de comprendre ce qu'il se passait. Elle avait douté dans ses réflexions que des cobayes puissent être aussi des totems, puis au final, elle avait pensé que cela était possible. Quelqu'un pouvait bien se livrer à ce genre d'expérience sur des cobayes pour voir comment ça marche. Encore que tout le monde fût maintenant d'accord que des boas avalaient et vomissaient de l'argent. Et en même temps certaines habitudes avaient manifestement évolué : cela faisait plus classe par exemple d'envoyer des abeilles attaquer quelqu'un au distributeur automatique de billets. Qui y enverrait une panthère noire, — une vraie panthère donc et en plein jour ? Pour cette dame en tout cas la disparition de son argent n'était plus une énigme après le passage du contrôleur des impôts au village.

— N'importe quoi ! rétorqua Abessolo lorsque l'inspecteur cessa de parler. Voilà des histoires sans queue ni tête. Mon élevage est une activité économique en passe de devenir rentable. D'ici quelques temps nous solliciterons le concours de la microbanque du village pour étendre les activités de notre GIC. Qui est cette femme pour que je détruise son mensonge et son obscurantisme ?

— Ne soyez pas pressé, il y aura une confrontation avec tous les acteurs de cette macabre histoire, du reste l'une des plus scandaleuses des annales de notre commissariat. Vous menez une activité économique d'accord, mais qu'est-ce que vous dites de l'affirmation de ce notable selon laquelle chaque fois qu'on voulait vous acheter un cobaye au village, vous jouiez les difficiles en disant que beaucoup de personnes vous payaient en monnaie de singe. Abessolo qui écoutait, prêt à répliquer, sentit des spasmes traverser sa poitrine jusque-là oppressée, puis ce fut le tour de tout son corps, d'abord de manière indolente, puis avec des convulsions effrénées. Il se leva et se mit à battre ses jambes des deux mains dans un fou rire.

L'inspecteur, passé l'effet de surprise, sourit d'abord avant de rire, à voix basse pour commencer, aux éclats ensuite et en toussant si fort qu'on aurait pu l'entendre gronder à des mètres à la ronde autour du commissariat devenu presque désert dans la nuit. Abessolo réussit à lever un bras en direction de l'officier et articula en se tortillant :

— De la monnaie de singe pour des cobayes ! Mais en fait j'ai arrêté de vendre mes cobayes au village parce que personne ne les achetait vraiment. Personne ne payait ce qui m'était dû. Alors parce que je les vends ailleurs tout le monde est contre moi.

Et après le fou rire, ils parlèrent encore longuement.

Cela fait, Abessolo se retrouva dans une cellule du commissariat dans la nuit pour la garde à vue. Couché sur le dos, il voyait mentalement ses cobayes dans leur cage, loin de la cuisine où ils auraient dû se trouver à ce moment-là, dans leurs abris parfois insolites. Il pensait aussi à toutes les aventures des derniers jours, au rebondissement de la soirée. Au fait que l'enquêteur lui avait expliqué qu'il le retenait pour vingt-quatre heures. Et comme c'était vendredi, il serait libre lundi. Si tout se passait bien.

— Et mes cobayes ? avait demandé Abessolo en bâillant.

— Oubliez tout ça d'abord, avait répondu l'inspecteur à l'entrée de la cellule du commissariat. Pour le moment, dites bye bye à vos cobayes !

Et il avait ajouté qu'après le contrôleur et l'inspecteur, l'éleveur aurait peut-être affaire au procureur.

PANIQUE AU BAR

À peine la femme s'était levée pour rejoindre l'homme sur son banc qu'une autre femme entra au bar et fonça directement vers l'homme, l'empoigna par le collet de sa chemise de telle sorte qu'il avait à présent du mal à bouger. L'intruse portait sur sa tête des dreadlocks comme si elle venait de sauter de son lit, avec des yeux fiévreux et fixes. Ses pieds étaient couverts de poussière et son blue-jean tavelé était déchiré sur le genou de sa jambe gauche. Elle ne parlait pas, maintenait la pression, et l'homme restait coincé contre le mur. L'autre femme avait couru vers le barman pour se mettre à l'abri.

Avant l'agression, le couple était arrivé au carrefour alors que les klaxons explosaient de toutes parts en continu. C'était ce moment où toutes les règles en vigueur sur la route ne sont plus valables. La voie appartient à la voiture munie de l'avertisseur le plus assourdissant ou au véhicule avec le gabarit le plus phénoménal, ce qui heureusement revient au même. L'homme, qui était au volant, chercha à se garer. Chance, il y avait un peu de place sur le remblai, du côté où se trouvait l'hôtel. Il n'avait pas le droit de garer là, mais il ne souhaitait pas trop réfléchir non plus, une journée harassante ayant bien usé sa matière grise. Et puis entre nous, où allait-il trouver un endroit où stationner convenablement? L'homme avait contemplé l'hôtel et donné quelques explications à la femme. Oui d'accord, il reviendrait plus tard garer comme il le fallait dans le parking. Alors le couple avait traversé la route en se tenant par la main, était passé par le rez-de-chaussée d'un bâtiment où se trouvait une boulangerie avec de longs rangs au niveau des caisses. Les marcheurs avaient monté deux séries d'escaliers à petits carreaux gris avant de se retrouver sur la terrasse du bar. Il y avait un déferlement de décibels émanant de l'intérieur du bar. Ils avaient hésité. Au moins là-dedans, on aurait du calme, loin des bruits de ce carrefour, avait dit l'homme. Et franchir la porte du bar, c'était déjà se laisser envahir par le sentiment plaisant de passer une soirée agréable. On pouvait claquer la langue au bonheur anticipé de la première gorgée de bière et autres plaisirs minuscules de ceux qui sortent la nuit. Comme le chatoiement des lumières qui se reflètent sur les verres et les bouteilles en éclatant en mille petites étoiles colorées toutes proches, telles des rêves à portée de main.

Le barman sortit du comptoir pour porter secours à l'homme attaqué. Il agrippa l'intruse par les épaules et la secoua. La secousse ébranla aussi bien l'importune que le client. Mais la femme griffait, s'agrippait à l'homme, gribouillait son corps de marques. Alors, le barman qui avait compris qu'il ne s'en sortirait pas seul, alla sur la terrasse et appela au niveau de l'escalier un agent de sécurité posté devant la boulangerie au rez-de-chaussée. Le gaillard monta les escaliers en toute vitesse. Le vigile et le barman entrèrent dans le bar et réussirent à arracher l'homme en souffrance des griffes de l'intruse. Ils la poussèrent hors du bar.

Quand le couple de collègues était arrivé à l'intérieur du bar, ils avaient dépassé plusieurs tables hautes encadrées de longs tabourets, avec ici et là des consommateurs qui buvaient en devisant ou en dansant. Ils avaient trouvé dans un coin, une table basse recouverte d'une nappe de vinyle imprimée avec des couleurs d'une bière. Deux longs bancs rembourrés avec dossiers encadraient la table à l'angle de deux murs. Au-dessus de la tête de la femme se trouvait un interrupteur et une prise de courant prolongée par deux fils sans pontet de fixation. Danger ou pas ? Ils s'étaient dit qu'ils verraient plus tard. De nouveau, ce n'était pas le moment de soulever toutes les questions qui fatiguent l'esprit. On était au bar et c'était vendredi soir. La serveuse avait pris les commandes une fois qu'ils furent installés. Ce fut Malabar pour l'homme, *la bière qui fait mâle*, et pour la femme Punchy, *for Open Minds Only*. Tchin... tchin...

— Ndokita, pourquoi tu ne viendrais pas t'asseoir là, juste à côté de moi ? avait demandé l'homme. La prise de courant et le fil au-dessus de ta tête-là ne me rassurent pas.

— Hum Zogo, tu es sûr que c'est ça ton vrai problème ?

— Tu seras plus en sécurité ici, je te dis.

— Je veux moi rester ici, et en plus ton banc est un peu penché. Regarde, tous les pieds ne touchent pas le sol.

— Ça fait quoi ? Chez toi c'est pas tout droit non plus si je vérifie bien ! Viens t'asseoir sur mes jambes alors, ce sera mieux sans doute.

Ndokita éclata de rire.

— Non, je vais m'asseoir sur ton banc bancal là.

Ce fut à ce moment précis où Ndokita s'était levée que l'intruse était entrée et avait foncé direct vers Zogo.

Après son expulsion du bar, l'intruse fit un tour et revint quelques minutes après avec un gros sac de raphia rempli de cailloux et de divers projectiles, ainsi que de barres de fer. Elle se saisit d'une bouteille qu'elle fracassa sur le sol. Surpris, certains clients rappliquèrent à l'intérieur du bar tandis que d'autres descendirent les escaliers à la hâte. Alors, l'importune resta seule sur la véranda du bar, marchant d'un bout à l'autre avec ses barres de fer comme une amazone montant la garde. Elle lançait des cailloux à toute personne qui tentait de s'approcher d'elle, de sortir du bar ou de monter l'escalier. Du coup, personne ne s'approchait d'elle, ne sortait du bar ni ne montait l'escalier ; pas même le vigile !

De l'autre côté de la rue, on pouvait voir la terrasse du bar, ce qui s'y passait et tout. Alors les passants levaient la tête, marquaient le pas et s'arrêtaient. Où étaient les clients du vendredi soir ? Car même si la musique sortant du bar était au climax, il était évident que les buveurs avaient abandonné certaines de leurs positions habituelles. Qu'est-ce qui les avait fait reculer ? Pourquoi avaient-ils battu en retraite ?

Ces tables vides relevaient d'une situation troublante, inhabituelle et pour le coup tout cela nécessitait une explication d'autant qu'il y avait cette femme et ses curieux mouvements.

— Il y a une barbare au bar, dit quelqu'un, comme pour tâter le terrain.

— Non, répliqua l'autre avec plus d'assurance, c'est une folle qui dérange les gens.

— Non, non, fit un troisième en secouant la tête. C'est sûr que son mari est dedans avec une panthère[5].

Hum, intéressant! C'était le moment d'informer les connaissances, et le monde entier en temps réel. En plus des likes, partages et autres commentaires qui font du bien à l'ego et dont on se shoote au quotidien, on ne sait jamais où peut conduire un buzz savamment mené. On commença donc à sortir les téléphones pour prendre des photos ou filmer la scène. Le week-end allait être riche en tags et hashtags.

[@Sandrine, @Julie, @Roland, venez voir ici... #BarbareAuBar, #Folle, #Panthère.]

Dans le bar, tout le monde épiait l'amazone de la terrasse maintenant que le barman avait verrouillé la porte de l'intérieur. Chacun se demandait quelle mauvaise étoile l'avait conduite là en ce début de week-end de fin du mois. Quelques clients continuaient à boire, par devoir peut-être, parce qu'il faut toujours finir ce qu'on a commencé comme l'avait rappelé un crooneur dans un morceau quelques minutes

---

5. Jeune femme vivant au-dessus de ses moyens.

avant. Mais dans les attitudes se lisaient à présent l'ennui, l'impatience vive, l'inquiétude vague d'une âme en proie à l'incertitude, le bougonnement des spectateurs d'un médiocre show.

— J'espère que la folle-ci ne va pas revenir ici dedans, dit un homme en jetant un regard fébrile à travers les vitres et en posant une bouteille de bière sur la table après une timide gorgée. La bière même est devenue amère dans ma bouche.

— La bière est toujours amère, répliqua une femme sur la même table. Je ne sais pas comment tu fais souvent pour ne pas trouver la bière amère.

— Toi, tu cherches la palabre alors que ce n'est ni le lieu ni le moment. Barman, est-ce que vous avez déjà appelé la police ?

Le barman répondit qu'il avait effectivement passé un coup de fil à la police et donné tous les détails et que son interlocuteur au téléphone lui avait dit qu'ils allaient se mettre en route.

— Mais quand ? demanda Zogo au coin du bar, d'une voix suffisamment puissante pour se faire attendre. Et puis arrête la musique quand même.

De fait, les baffles distillaient encore le refrain et la voix langoureuse de la chanteuse :

Les hommes paniquent, les hommes paniquent,

Les hommes paniquent... niquent... niquent... à cause de Majoie !

Tous les hommes pa... pa... niquent...

Et quand le barman coupa le son juste avant le solo épique de la guitare, l'homme de la table se leva et dit :

— Mince, c’est toi qui nous a mis dans ce pétrin, hein! Qu’est-ce que tu as trafiqué avec cette femme pour que nous soyons tous coincés ici maintenant...

— Je ne la connais pas, c’est une folle, se défendit Zogo.

Dès lors, il se forma dans le bar plusieurs camps qu’on aurait pu étiqueter, pour faire simple, en pro-Zogo et en no-Zogo. Dans leurs disputes, les «pro» pensaient que l’homme ne connaissait pas la femme qui se trouvait sur la terrasse. C’était une folle et ses actes le démontraient à suffisance. Les «no» affirmaient que Zogo avait côtoyé de près la pauvre dame au point où certains tenants de cette thèse soutenaient que c’était plutôt Zogo qui avait été fou d’elle. Il y avait aux extrêmes des deux camps des avis tellement tranchés que leurs défenseurs auraient pu en venir aux mains. Par contre, au centre de l’échiquier du bar, certains débatteurs, quoique d’avis différents, discutaient entre eux avec modération.

Il y eut un petit silence après les convulsions partisanes qui avaient traversé le bar et on put entendre un instant les deux ventilateurs à larges pales tournoyer au-dessus des têtes dans un mouvement démentiel. Ndokita s’était assise à nouveau sur son banc, à la place initiale qu’elle avait occupée à son arrivée, au-dessous de la prise de courant avec des fils branlants. Danger ou pas? Elle verrait plus tard... enfin il y avait plus important à présent. Elle regardait intensément Zogo.

— Débrouille-toi à me faire sortir d'ici, dit finalement Ndokita s'adressant à Zogo, brisant du même coup le silence qui s'était fait. Il faut que je rentre chez moi maintenant.

Elle se leva de son siège et marcha vers l'angle opposé à son banc et arriva sur une porte au-dessus de laquelle était l'inscription «Toilettes.» Elle s'arrêta devant la porte et mit ses deux mains aux hanches, secoua la tête, pensive.

— Et pourtant j'ai dit à la nounou que je serai bien là et qu'elle pourra rentrer chez elle pour le weekend. Voilà que je me retrouve comme ça coincé au bar avec des inconnus.

Sa voix s'éteignit et des larmes qui paraissaient bien trop grandes par rapport à sa petite figure, coulèrent de ses yeux et roulèrent sur ses joues comme deux petites billes multicolores sous les reflets lumineux.

— Je suis ton collègue quand même, Kiki, dit Zogo en s'approchant d'elle. Tu ne peux pas dire que tu es avec des inconnus au bar.

Ndokita tchipa.

— Et puis quoi ? demanda-t-elle. Et même c'était quoi le plan en m'amenant dans un bar pourri comme ça ?

— Euye ! Laisse donc tout ça. On en reparlera plus tard.

— Je ne laisserai rien du tout. Regarde ce que tu as fait de ma journée. Je rentrais déjà tranquille chez moi et tu as insisté qu'on vienne ici.

Et Ndokita restait là debout devant l'entrée des toilettes. Seul le bruit de son talon tambourinant le sol se mêlait à celui des deux ventilateurs à larges pales qui tournoyer au-dessus des têtes. Zogo alla s'assoir sous les regards inquisiteurs de tous les occupants du bar. Personne ne dit rien.

Le barman avait arrêté le service et certains clients avaient cessé de boire. On voyait les verres à moitié pleins. Cette ascèse subite, ce calme ou ces silences intermittents étaient synonymes de fin du monde en ce lieu. Mais d'autres clients continuaient quand même à siroter leur bière du mieux qu'ils pouvaient, artistes égarés sur un bateau en dérive, mais que rien ne détourne de leur art, parce qu'il est l'ultime rempart contre le naufrage et le chaos. Car la menace était toujours là, dans les mouvements confus de la femme sur la terrasse, ses dandinements vertigineux, et, lorsqu'elle s'arrêtait, les traces réelles ou imaginaires qu'elle laissait sur le sol avec des barres de fer rouillé. Zogo soliloquait en se tenant la tête des deux mains. Mais là personne ne s'intéressait à lui. Même lors des batailles communes, la solitude, comme un rapace, rôde inexorablement cherchant un compagnon sûr.

— Nous vivons dans une ville de fou, lança soudain un client après un dernier coup d'œil à la fenêtre, comme une ultime vérification avant un affront.

— Merci là-bas mon frère, dit Zogo qui prit aussi la peine de regarder vers la vitrine avant de parler des fous qui marchaient nus dans toutes les rues.

— Mais quand même hein, est-ce que c'est tous de vrais fous ? reprit l'homme qui avait parlé en premier. Ce n'est pas parce qu'ils sont nus qu'ils sont fous. Et même, les vrais fous ne sont pas toujours ceux que l'on voit avec les cheveux ébouriffés, des habits sales et tout ça. Moi je dis que toutes ces personnes qui marchent sans caleçon partout dans la ville, il faut que le maire s'en occupe. C'est le premier médecin de la ville.

— Dans ce cas avec le nombre de personnes à soigner, il n'y aurait plus un sou pour entretenir la moindre route. Où sont les services sanitaires de la ville spécialisés pour ces cas ? demanda Zogo en écartant les mains. Et les affaires sociales ? Les familles ? Moi, on m'a raconté qu'avant, dès que quelqu'un manifestait des troubles psychologiques sur la voie publique, la police s'occupait de lui aussitôt pour le conduire là où il y avait des soins appropriés. Now, ce n'est plus le cas du tout.

À ce stade, il fit d'autres développements puis s'arrêta subitement avant d'ajouter :

— Il faut que tout ça change. Mais comment sortir d'ici au plus vite. Mince barman, où est la police ?

— Voilà ce qui est important, dit Ndokita, qui s'était rassise entre temps. Tout le bavardage-là ne sert à rien. Nom de Dieu, soupira-t-elle, mon enfant doit s'inquiéter à présent.

Elle prit le téléphone portable dans son sac à main et se mordit la lèvre inférieure en voyant que la batterie était à plat. Elle remit le téléphone dans son sac. Les deux gros ventilateurs tournoyaient au-dessus des têtes, le barman consultait son téléphone et, à tour de rôle, les gens regardaient vers la terrasse où la femme continuait à faire des cent pas forcenés.

Dans le bar on entendit brusquement une clameur en provenance de l'extérieur. La foule avait grandi dans la rue et un petit groupe de personnes s'agitait particulièrement pour certains mouvements de la femme sur la terrasse. Mais elle ne s'occupait pas d'eux et continuait d'aller et de venir, avec plus ou moins de vitesse, s'arrêtant de temps à autre. Et sur la situation en cours se formaient encore et encore des conjectures, surgissaient des raisonnements par analogie, s'énonçaient des conclusions généreuses.

La demoiselle, la dame, l'épouse… avait travaillé dans une entreprise de la place comme haut cadre avant que la consommation de certaines substances dont elle abusait avec des collègues ne lui monte à la tête et la conduise à l'état dans lequel elle se trouvait aujourd'hui. Ou bien : elle avait disjoncté suite à une rupture sentimentale avec l'un des clients qui se trouvait au bar et qu'elle pourchassait en fait partout où elle l'apercevait, surtout lorsqu'il était en galante compagnie. Encore qu'on sût par ailleurs qu'avant sa crise mentale elle était elle-même portée vers la bouteille, en plus d'une hygiène alimentaire exécrable.

Comment trouvait-on ces détails sur lesquels les uns et les autres débattaient avec acharnement? À ce stade en tout cas, les doigts tapaient frénétiquement sur les claviers virtuels des écrans de smartphones, des tablettes et autres appareils. Du texte, des photos, du son, des vidéos.

[Happening now… C'est toujours la panique au bar. Restez scotchés, je fais un live dans deux minutes.]

Likes. Partages. Commentaires.

Alors on sautillait, on rebondissait sur le sol comme un ballon à mesure que l'audience augmentait. Vite… le bon endroit pour la meilleure photo du bar… ou mieux un selfie avec la terrasse en arrière… en attendant de déclencher la caméra. La tête sera à l'angle avec le meilleur profil, c'est-à-dire la joue gauche mise en évidence, les lèvres plissées (juste ce qu'il faut) montreront en partie seulement des dents bien blanches tout en donnant un air dégourdi, et aussi un peu de stupéfaction nécessaire pour la circonstance ; bref, ce sera l'attitude de quelqu'un d'intelligent, au-dessus de la moyenne en tout cas. Et après le live on ajoutera sur la photo prise et ce, pendant plusieurs jours, des maximes tirées de cette expérience. Pour soi-même d'abord, bien sûr ! Dans selfie, pourquoi faire fi du self ?

[Maama, je m'installe déjà avec une bouteille d'arachides bien pleine derrière ma tablette.] Commentait une amie.

[Dis-nous TOUT ce qui se passe là-bas STP !] Implorait un follower.

[…]

Ndokita dit qu'elle avait mal à la tête. Tout ce grabuge lui avait donné de vilaines migraines. Et comme elle était à nouveau assise en face de Zogo, elle le vit sortir son téléphone d'une poche de son pantalon et scroller un moment sur l'écran. Il leva la tête puis sembla regarder la prise de courant pendant juste au-dessus de Ndokita. Il se leva tout à coup comme s'il eût reçu une petite décharge électrique. «Mince, c'est gâté!», dit-il. «Tout ce qui se passe ici est déjà sur les réseaux sociaux. Tout est sur le net.» Des veines tapaient dur sur ses tempes couvertes de sueur.

— C'est fichu! dit Ndokita. Qu'est-ce que les gens vont penser de moi maintenant? J'espère au moins que la nounou va m'attendre.

Elle arracha le téléphone des mains de Zogo et le jeta frénétiquement par terre. Zogo se précipita pour le ramasser. Il vit que l'écran venait de se briser. Peut-être que j'aurais dû foncer à la porte tout à l'heure», ajouta Ndokita. «, Mais alors, cette sorcière-là m'aurait lancé une pierre dans le crâne… Et puis, dis donc! C'est quoi cette ville où lorsque les gens sont en difficultés d'autres prennent des photos et les commentent sans même essayer de leur venir en aide?»

Dans le bar, des clients avaient pris leur téléphone pour vérifier les propos de Zogo. Et là-dessus, quelques-uns essayaient en douce de prendre des photos de Zogo et de Ndokita. Qui sait, ça pourrait servir plus tard, lorsque chacun serait rentré chez lui, que la proximité du moment aura disparu. Car au quartier, le bar supprime les barrières : tous amis devant la bière! Elle affadit les différences et relève les points communs. Après quelques verres, l'ouvrier peut raconter des blagues qui font rire aux éclats le comptable chargé de sa paie. Revers de la médaille probablement, chacun y a son mot à dire, son conseil à donner, quelle que soit la circonstance.

— Moi je dis encore qu'il faut offrir une bière à cette femme, dit un homme à la suite des paroles de Ndokita, sinon elle ne va pas nous laisser tranquille. (Il avança vers Zogo). Elle t'a choisi mon ami, donne-lui ce qu'elle veut, commence par une bière, une bière c'est quoi? Ne sois pas chiche!

— Non, non, dit Zogo, elle s'est trompée de personne, je ne la connais pas.

— Va donc négocier avec elle pour libérer les gens. On sait quand les problèmes commencent, mais pas quand ni comment ils finissent. Nous sommes otages maintenant et c'est encore mieux de t'asseoir sur la même table avec cette femme avant que la situation ne dégénère.

— Je vous dis que je ne la connais pas, insista Zogo.

Sa voix était ondulante. Il posait un regard timide sur le type qui était maintenant devant lui, comme un jeune putschiste devant la caméra au soir de son forfait. Il y avait des traces de griffes sur son cou et sa chemise à carreaux bleu et blanc était couverte de sueur et elle lui collait à la peau. Il tourna son regard vers la fenêtre, découragé; Ndokita aussi regardait de ce côté. Un instant, ils suivirent tous les deux les va-et-vient sur la terrasse, écoutèrent les échos tumultueux en provenance de la route. Le type qui avait voulu pousser Zogo à s'asseoir à la table des négociations regagna sa propre table. Dans le bar on regardait son verre, la fenêtre ou Zogo selon ses pensées.

Brusquement la porte métallique du bar trembla dans un bruit assourdissant et les oscillations sur le métal se transposèrent en frissons dans le corps des personnes présentes à l'intérieur. Et avec cela arriva le bruit de verre brisé. Les personnes encore proches de la porte et des lames de verres entaillées aux fenêtres s'en éloignèrent. Et le bar était forteresse tandis que marchait la femme forte sur le terrasse.

Dans l'intervalle, étaient arrivés deux policiers qui, après un échange avec le vigile de la boulangerie, étaient montés en arpentant deux par deux les marches vers la terrasse. Mais à peine le flic de devant avait-il entamé la dernière série de marches qu'il sentit au-dessus de sa tête une salve de pierres. Il se courba in extremis pour échapper au premier projectile.

— Attention ! cria-t-il en direction de son collègue qui arrivait derrière. Les cailloux allèrent s'écraser sur le mur blanc de carreaux de faïence en brisant quelques-uns. Et les deux éléments reçurent des débris.

— C'est pas un jeu, hein ! dit le deuxième flic en se frottant vigoureusement les yeux, pareil à un gamin ayant reçu de la poussière sur le visage dans une cour de récréation. Et comme ils avaient tous les deux perdu de vue la femme et ses barres de fer et ses sacs de cailloux et que, malgré tout, à une cadence irrégulière, ils voyaient d'autres projectiles arriver et ricocher sur la faïence, ils battirent en retraite. Ils se mirent au rez-de-chaussée et l'un des policiers prit son talkie-walkie et le porta à sa bouche. Il demandait du renfort. Une seule femme tenait en respect deux policiers. Cela excita la foule. Électrisa les réseaux sociaux.

Les flics firent évacuer la boulangerie, délimitèrent un périmètre de sécurité. Ils essayèrent d'interdire les photos, mais le crépitement de flash d'appareils et de gadgets redoubla. On aurait dit que l'on braquait sur eux un puissant faisceau de lumière. Des paroles commençaient à monter de la foule de l'autre côté de la route et dominait le brouhaha.

Libérez la folle !

Libérez la folle !

S'ensuivirent des BREAKING NEWS sur les fils d'actualité sous forme de slogans :

[Libérez tous les fous !]

[A bas les dingos qui maltraitent les folles !]

En haut, Zogo, Ndokita et le reste étaient serrés les uns aux autres sans aucune distinction : pro et no-Zogo, amateurs de bières brunes et friands de blondes, fins connaisseurs de vins et éternels buveurs de whisky, supporteurs d'équipes de foot avec défense cadenassée et partisans de l'attaque tous azimuts, selon toutes sortes de duels oratoires antérieurs dans le bar. Ils commençaient à écouter les slogans de la foule d'une oreille attentive et dubitative. Les yeux fixés sur les fenêtres (où subsistaient quelques lames de verres entaillées), on se grattait l'arrière du cou, avalait la salive, chuchotait. Chuuuuut !

C'est là que jaillirent deux véhicules de police avec gyrophare, sirène et tout le dispositif. Le premier, le camion à eau surgit de la route derrière l'immeuble abritant la boulangerie au rez-de-chaussée et le bar au premier étage. Le camion à eau s'arrêta d'abord au carrefour et tendit son long bras vers le ciel. Ensuite le camion avança vers la foule et le long canon se braqua et arrosa l'attroupement avec des jets d'eau puissants. Les gens se mirent à fuir et à crier, à courir dans tous les sens dans un sauve-qui-peut égal à la débandade d'une colonne de fourmis. Ils entraient dans les ruelles du quartier. Galopaient le long des routes du carrefour. On se cognait contre un obstacle. On se heurtait. Se marchait dessus. Le camion allait de tous les côtés, tournait dans un sens, puis dans un autre, avançait puis reculait sans se presser, sûr de son effet, pendant que le canon à eau crachait sereinement çà et là les flots de la panique.

Le deuxième véhicule quant à lui arriva face à la boulangerie avant de se garer tout en bas des escaliers avec ses deux bancs remplis de policiers. Les policiers descendirent en rangs serrés du camion, tenant devant eux enseignes de protection et matraques. Ils se dispersèrent en plusieurs groupes : le premier avança vers le carrefour, le deuxième se positionna au bas des escaliers et le troisième progressa vers le bar, toujours en rangs serrés.

Au niveau de la terrasse, les deux premiers éléments reçurent des jets de pierre de la femme. Ils se protégèrent avec leurs enseignes. Aussitôt leurs collègues de la deuxième ligne jaillirent et foncèrent vers la dame qui, surprise, essaya en vain de battre en retraite. Plusieurs éléments encerclèrent la femme et la guidèrent vers le mur et, lorsqu'elle ne fut plus capable de se mouvoir, ils se saisirent d'elle et la plaquèrent au sol, la tête contre les petits carreaux gris. Quatre policiers restèrent avec elle et le reste du groupe investit le bar : des pieds cognèrent dur le métal de la porte. La porte céda avant que l'odeur âcre n'envahisse tous les coins et recoins du bar.

À la fin Zogo descendit les escaliers, comme tous les autres occupants du bar et monta sous bonne escorte dans l'un des cars de police arrivés pendant l'opération. Il ne savait pas très bien où était Ndokita, comme il ne savait pas de quel côté était passée la femme de la terrasse. Il avait la gorge altérée, les yeux larmoyants. Cette réalité était bien plus prégnante. A l'inverse des cris autour lui, des courses-poursuites entre forces de l'ordre et manifestants. Au moment où le car de police dans lequel il se trouvait démarra, Zogo ne chercha même pas à savoir ce qu'il était advenu de sa voiture, garée quelques dizaines de minutes plus tôt du côté de l'hôtel. Comme à l'arrivée, le bruit emplissait tout l'espace. Les sirènes avaient remplacé les klaxons. Elles retentissaient en continu de partout.

SECOUSSES DANS L'ASCENSEUR

Quand madame la Présidente du conseil d'administration et monsieur le Directeur général se retrouvèrent coincés dans l'ascenseur, le moins qu'on puisse dire c'est qu'ils ne l'avaient pas prévu. Mais qui a jamais planifié de recevoir la fiente de moineau en plein visage sous un arbre après une baignade dans la rivière à l'eau fraîche ? Les deux personnes bloquées étaient en train de monter ensemble vers la salle du conseil d'administration lorsque le mécanisme de l'appareil s'était grippé subitement. Le bruit avait couru qu'il n'y aurait qu'un seul point à l'ordre du jour : l'évaluation des performances de l'entreprise et la prise de mesures correctives. Cette formulation fit jaser au sein de l'entreprise, les gens en parlèrent, ou du moins chuchotèrent à des angles morts de couloirs, là où, pensaient-ils, il serait difficile pour les moniteurs des caméras de surveillance de les cadrer convenablement.

Tout avait pourtant commencé de façon normale, banale même avec les différents acteurs du jour, parfaits équilibristes en représentation sur le fil des apparences. La PCA était arrivée à huit heures précises et le DG l'avait accueillie à l'entrée du bâtiment de l'office central. Ils avaient marché tous les deux, après les photos, dans l'allée des hôtesses aux sourires larges, debout de part et d'autre du tapis rouge. Dans le bâtiment, une dernière hôtesse près de l'ascenseur appuya le bouton d'appel pour ouvrir les portes. Les portes de l'appareil s'ouvrirent.

Puis se refermèrent. Comme se referma la première partie officielle et publique. Puis soudain à l'intérieur de l'ascenseur… crac! Un bruit. Et l'extinction de la lumière. La panne d'électricité de la matinée avait-elle davantage contrarié l'appareil? Avec ses vieux rouages, toutes ces surprises n'étaient plus très opportunes. Du reste, le dernier salarié maîtrisant les mécanismes de cet ascenseur d'une certaine époque était parti à la retraite. Il avait été le dernier et le seul à pouvoir encore trouver le boulon d'une pièce défaillante qui n'existait plus officiellement chez le fabriquant, mais qu'il trouvait sur l'étal d'une quincaillerie ambulante au cours de missions dans les pays les plus improbables.

En temps ordinaire, le vieil ascenseur pouvait transporter une dizaine de personnes. Mais pour qu'il soit aussi léger que possible, pour être certain qu'il n'y aurait absolument pas le moindre petit pépin, seuls les deux responsables y étaient entrés selon les consignes mêmes du DG. C'est pourquoi la première secousse surprit les deux occupants de l'ascenseur. Par réflexe, chacun essaya de s'accrocher, dans la pénombre, à quelque chose alentour tant on ne s'était pas encore bien installé. La secousse avait été de faible magnitude, mais avait imposé aux dirigeants dans l'élévateur comme une petite danse forcée sous un air de soukouss pour lequel les danseurs n'avaient pas hélas choisi leur partenaire. Il n'eut pas de dégâts cependant. Sauf peut-être à considérer le fait que dans cette vibration initiale, les fesses des deux responsables s'étaient frôlées. Mais en fait jusque-là ils ne s'étaient pas rendu compte qu'ils étaient dos contre dos, comme un couple querelleur où chaque partenaire fixerait à présent de son côté, dans la pénombre, l'aluminium grisé. Chacun avait naturellement choisi cette position pour être certain de ne pas adresser la parole à l'autre pendant les secondes à passer dans l'ascenseur. Et dans un petit moment de confusion la PCA essaya d'ouvrir en vain la porte par des mouvements désordonnés.

À l'extérieur, les autres membres du conseil avaient emprunté les escaliers au pas de course et, déjà, prenaient place dans la salle de conseil. Les deux occupants de la boîte aluminium par contre restaient figés dans l'ascenseur et faisaient face aux cloisons froides. Au-dessus de leurs têtes, des réglettes à la lumière blanche protégées par un grillage de fer venaient de se rallumer. La PCA qui arrivait dans l'entreprise pour la première fois s'attarda sur ces lumières comme si elle cherchait déjà à y repérer quelques indices qui pourraient lui permettre de s'en sortir si la situation devenait préoccupante. Le DG, habitué à ces pannes — et à bien d'autres challenges quotidiens de management d'une entreprise moderne —, tenait fermement la barre latérale. «Comment se fait-il que l'ascenseur ne marche pas dans ce bâtiment?» demanda la PCA d'une voix traînante, suffisamment forte pour être entendue sans que ce ne fût une question claire adressée au DG. Subitement une quinte de toux emplit l'air écrasé, telles des notes de musique arpégées allant crescendo avant de retomber graduellement et de cesser. Le DG s'essuya la bouche du revers de sa main et continua à fixer le sol. Point de confidences donc malgré la proximité des corps. Et ce n'est pas parce qu'on allait parler de robotique, d'agilité ou encore d'intelligence artificielle qu'il fallait artificiellement s'agiter ou devenir une marionnette. Les deux personnages avaient pourtant des choses à se dire si l'on s'en tenait aux relations enflammées entre collègues au sein de l'entreprise, en fonction de l'affiliation à l'un ou l'autre camp. En coulisse se livraient des batailles sourdes entre adeptes respectifs des parties prenantes à présent placidement coincées dans un ascenseur. Mais on pouvait aussi être certain qu'à cet instant à travers le bâtiment de l'office central, des collègues aiguisaient encore et encore des arguments pour défendre les reclus de l'ascenseur, chacun étant persuadé d'être du bon côté, de défendre les meilleures idées pour la bonne marche de l'entreprise, d'emporter la victoire promise aux endurants et d'être au final du bon côté de l'histoire en mouvement dans leur organisation.

Il y eut un crissement sec, comme le roulement d'un tambour, bref et rapide exécuté par un batteur chevronné. Puis ce fut la deuxième secousse. Le DG ne put s'empêcher de crier fort tandis que la nouvelle vibration arracha un gémissement à la PCA. Et les deux personnages, avec des mouvements synchrones comme dans un ballet, se retournèrent de manière à être face à la porte par laquelle ils étaient entrés.

Sur une photo à l'avant, on aurait vu à gauche, le bras droit de la PCA agrippant fermement la barre latérale quand le bras gauche du DG empoignait le support du même type côté droit. «Vous… vous… pensez qu'ils m'ont entendue?» demanda la PCA, essayant de garder son calme, les yeux fixés sur la porte-glissière.

— Euh… oui… madame, il est possible qu'on vous ait entendue à l'extérieur, répondit le DG les yeux rivés sur la porte. Vous savez, nous n'avons pas encore bougé, nous sommes toujours au rez-de-chaussée.

— Au rez-de-chaussée? C'est absolument ridicule.

— On peut alléguer cela, dit le DG.

Il avait en tête lui de ne pas se faire entendre à l'extérieur et au cas où cela arriverait d'envoyer un signal clair quant à l'âpreté des discussions qui allaient suivre durant le meeting. Chacun sait que la communication est faite de plusieurs types de messages et de signaux envoyés au bon moment, et parfois, uniquement à destination de ceux qui peuvent comprendre. La petite ouverture de la porte-glissière attirait toujours le regard du DG alors qu'il se rappelait comment l'ascenseur avait pourtant bien marché les jours précédents. Régulièrement le DG l'avait emprunté, sortant de son bureau assez souvent avec son garde du corps à l'armure de gladiateur pour aller chez un collaborateur dont le bureau se trouvait à un étage différent. Il s'aventurait même tout seul sur le couloir en faisant mine de chercher quelque chose. Au niveau de l'ascenseur, il se ravisait soudain, appuyait le bouton d'appel et rentrait s'assoir à sa table de travail. Il vérifiait ainsi subrepticement que tout marchait bien : ouverture et fermeture des portes, temps mis pour parcourir les étages… Il lui arriva même de demander à un collaborateur de monter le voir urgemment avec pour instruction d'emprunter l'ascenseur.

Juchée sur ses hauts talons, la PCA ressentit un début de douleur aux pieds qui aurait pu s'accroître si la situation actuelle perdurait. Comme pour chasser cette idée, elle nota mentalement en se tenant le bout de l'oreille qu'avec la panne actuelle, le talon d'Achille du DG dans la gouvernance de l'entreprise était son incapacité à prévoir. Une bonne manière de commencer un propos lorsqu'on veut se montrer pugnace. Avec ça, les débats seraient houleux ainsi que prévu au départ. Pour le moment, la colère qui montait chez la PCA était contenue par une peur diffuse. C'était comme être certain qu'une nouvelle souris provenant du voisinage était entrée chez soi ; elle était déjà là pour sûr, vicieuse et rouée, et elle sortirait de sa cachette pour renverser et casser un verre sur l'évier le jour, ou la nuit, ronger le pied qui déborde du drap pendant qu'on dort ; elle ferait des dégâts à n'en point douter, comme chez le voisin que l'on avait entendu des mois durant jour et nuit en train de la pourchasser au son de bruits horribles.

« C'est bien fait » pensa le DG quant à lui en

soutenant son menton, comme un clin d'œil à Mnémosyne, «Toutes ces péripéties prouveront à souhait la mauvaise foi de la PCA. Voilà des mois que je demande une ligne budgétaire pour entreprendre des travaux d'entretien et de modernisation des bâtiments sans que ces multiples requêtes ne reçoivent la moindre attention des administrateurs, et en premier de celle qui est là tout près de moi. Elle n'aura qu'à s'en prendre à elle-même tout à l'heure.»

La troisième secousse fut la plus longue. Il y eut un décollage brusque puis une plongée dans le vide et, à la fin, un tremblement intense. Alors, les occupants de l'élévateur couinèrent à l'unisson tels des lièvres pris dans un piège en pleine forêt. Et sans même s'en rendre compte, ils se retrouvèrent face à face avec des gestes identiques et s'étreignirent à se briser les os.

La PCA et le DG restèrent entrelacés ainsi un bon moment, bien loin de s'effaroucher de leur audace.

Ils relâchèrent progressivement l'étreinte. Les joutes oratoires, pour s'assurer gloire et victoire à l'issue du conseil, s'effritaient dans les mémoires. Seule l'infortune commune dont on sait qu'elle tisse des liens forts ou les renforce, emplissait leur esprit. Les captifs de l'ascenseur se jaugèrent en silence et sans animosité, chacun cherchant à bien planter son regard dans les yeux de l'autre, au-delà des lunettes respectives. Les cœurs battaient encore la chamade. Que de bruits incertains et d'émotion troubles en peu de temps. Crac… crac… Boum… boum…!

— Ah… madame la PCA, dit le DG en se dégageant en douce de la poitrine de la PCA, vous savez…

— Oh, monsieur le DG, interrompit la PCA avec des chevrotements dans la voix, au point où nous en sommes, je me demande si le vouvoiement est toujours de rigueur.

— Ah… madame, j'admire votre… votre… ta… grandeur d'âme.

— Et moi ta bravoure… finalement. Appelle-moi par mon prénom si tu veux.

— Oui pourquoi pas, car à l'heure-ci personne ne peut dire quand nous sortirons de ce cauchemar. Je sais que les équipes de dépannage sont déjà à pied d'œuvre… mais tu sais, je confesse qu'une panne de notre ascenseur, c'est un peu comme une coupure de courant, personne ne peut dire quand elle prendra fin…

— Ni vraiment les dégâts qui seront causés mon cher, reprit la PCA. Mais je t'ai dit, laissons d'abord ces confessions…

— D'accord… tu connais ces fameuses coupures d'électricité, toi aussi hein ? demanda le DG. Ou ce sont des pannes, à la fin on ne sait plus.

— Mais oui quand même, soupira la PCA, chuchotant pratiquement à l'oreille du DG. Récemment encore je rendais visite à des proches et tout, et là, en plein milieu d'un repas exquis… Hop ! Le courant s'en va, sans avertissement ni rien. Si la maîtresse des lieux n'avait pas prévu des ampoules rechargeables, nous serions restés dans l'obscurité la plus totale pendant des heures, en pleine ville… dans les temps modernes comme dirait un ami historien. Le plus amusant, si on peut dire, c'est que nous n'avons pas connu ça quand nous étions jeunes. Et c'est pratiquement à la vieillesse qu'il faut apprendre des choses nouvelles comme se promener avec des antiquités. Tiens, je vais te montrer ma torche électrique, elle est dans mon sac et je l'ai toujours avec moi au cas où !

Pendant qu'elle ouvrait son sac à main pour en montrer le contenu au DG, ce dernier appuya sur le bouton d'ouverture de l'ascenseur. La porte-glissière resta close. Alors, l'homme enleva sa veste et, ayant bien regardé le contenu du sac de la PCA et complimenté sa torche, il dit :

— Eh moi aussi, j'en ai une toute petite… là dans ma veste, dis donc ! Regarde-moi ça, je peux l'allumer si tu veux.

Alors, ils se firent de nombreuses confidences. Ils en riaient, se taquinaient et même se flattaient mutuellement. Quand ils étaient absolument d'accord sur un point ils réunissaient les paumes de leurs mains avec un mouvement sonore à la seconde où leurs mains se rejoignaient. Quand par contre il y avait une désapprobation, la personne qui n'était pas d'accord émettait un son avec la bouche pour marquer l'égarement de l'autre. Tous deux discutaient de sujets tantôt graves et tantôt frivoles, et personne ne cherchait absolument à avoir raison de l'autre. Et même s'ils ne s'accordaient pas sur certains points, leurs échanges étaient profonds et ils riaient de bonheur. On aurait dit que de confidence en confidence, les deux dirigeants avaient fini par se faire confiance.

— Tu sais, dit le DG au milieu d'autres révélations, toutes les caméras et les capteurs de mouvements que j'ai installés dans notre entreprise leader, c'était pour avoir un œil sur les gens dont on m'avait dit qu'ils roulaient pour toi.

— Ne m'en parle pas, cher ami, et à ce jeu on passerait ici même toute la journée. Et ce n'est pas dans cet ascenseur que je te donnerai les rouages et les mécanismes de mon ascension fulgurante au sein des instances d'administration de notre firme chérie.

Les deux personnages se faisaient toujours face. Leurs ventres se frôlaient et ils n'en éprouvaient aucun embarras. La sueur ruisselait des visages. Le DG sortit un mouchoir de la poche de sa veste et épongea lui-même le front de la présidente.

— Ah ma chère, il faudra que nous nous remettions au sport un de ces jours.

— C'est une excellente idée, dit la PCA en prenant l'éventail de son sac pour rafraîchir son compagnon.

Le DG apprécia cette marque d'attention et le dit sans détour au PCA. Il ajouta qu'il avait souvent rêvé de ce moment où quelqu'un d'autre prendrait aussi soin de lui au sein de cette entreprise comme il le faisait pour chacun des employés. Mais ce qu'il se passait là allait bien au-delà de toutes ses espérances.

De ce fait ils en vinrent finalement à admettre ce qu'ils ressentaient et décelaient de leurs échanges récents même s'ils ne voulaient pas l'admettre tout de go : ils partageaient une vision commune pour leur entreprise. Des bruits et des voix leur parvenaient toujours de l'extérieur. Il était question, s'ils comprenaient bien, des dépanneurs et des secouristes bloqués dans les interminables embouteillages de la ville.

De façon inattendue, la PCA eut un haut-le-cœur et le DG sentit son ventre tournoyer. La PCA ouvrit ses mains et le DG y posa les siennes pour se soutenir l'un l'autre en prévision de la secousse qui s'annonçait, avec une forte intensité peut-être ! Ils s'apprêtaient à crier à l'unisson lorsqu'ils se figèrent dans leur accolade.

L'ascenseur montait enfin.

Quand s'ouvrit la porte de l'ascenseur, juste en face de la salle où devait se tenir le conseil d'administration, de nombreuses personnes s'y étaient agglutinées comme des chasseurs de rat palmiste attendant la sortie du rongeur après avoir enfumé son terrier. Alors, on vit la PCA et le DG main dans la main. Le sac de la PCA accroché à son bras était ouvert tandis que le DG tenait replié sa veste sur sa main droite. Ils se faisaient face et se souriaient. Après un petit moment d'hésitation, la PCA entraina le DG à l'extérieur, en le tirant avec un peu de fermeté. Ils avancèrent main dans la main dans une sorte de haie d'honneur formée d'administrateurs qui venaient de se mettre de part et d'autre de la porte en fonction des affinités partisanes pour l'un ou l'autre dirigeant. Un battement de mains. Un autre. Suivi de plusieurs encore, et une salve d'applaudissements enveloppa le couple de gestionnaires d'une auréole de prestige. Tout le monde applaudissait sans qu'on ne se demandât qui avait commencé. Lorsque la pluie crépite sur le toit après une période de sécheresse, on ne se préoccupe pas de l'endroit où est tombée la première goutte. On est juste heureux de voir qu'elle balaie toute la poussière de l'atmosphère, toute la crasse qui s'est entassée ici et là ; on sait que les arbres reverdiront et que les fleurs s'ouvriront à nouveau.

Dans la salle du conseil, la PCA demanda au DG de s'assoir juste à côté d'elle. La longue et vaste table connut tohu-bohu et le souffle d'un chaos homogène traversa la pièce : les administrateurs changeaient de place, abandonnant les papillons fleuris sur lesquels étaient calligraphiés leur nom et leur fonction, pour s'installer de façon indistincte autour de la table. De sorte que visiblement se déliaient de solides alliances et devenaient caducs des accords énoncés ou même tacites. Alors les différentes factions se rapprochaient, se mixaient, fondaient pratiquement l'une dans l'autre. Si on avait été au cirque, on aurait vu des ficelles se détacher d'elles-mêmes, échappant aux marionnettistes, avec — situation incongrue c'est vrai —, des poupées, qui loin de se renverser, auraient quand même continué à se mouvoir. Et quand enfin la PCA entonna l'hymne de l'entreprise, tous les administrateurs le reprirent avec ferveur. En entendant le chant, les personnes à l'extérieur de la salle et dans les bureaux voisins se levèrent et posèrent leur main sur le cœur pour chanter en chœur avec le conseil d'administration. De bureau en bureau, d'étage en étage, on en vint à résonner au même diapason que les voix qui sortaient de la salle du conseil qui avait donné le la. Une joyeuse secousse parcourait finalement toute l'entreprise.

TABLE DES MATIÈRES